中公新書 2725

木本好信著

奈良時代

律令国家の黄金期と熾烈な権力闘争

中央公論新社刊

はじめに

奈良に本格的な秋の訪れをつげる正倉院《しょうそういん》展。毎年多数の入場者で賑《にぎ》わい、奈良時代への根づよい関心がしられる。聖武天皇《しょうむてんのう》や光明皇后《こうみょうこうごう》遺愛の品々をはじめとする正倉院宝物が展示されて、入場者は奈良時代へと心を馳《は》せ、憧憬《しょうけい》の時間を過ごす。

このように奈良時代への関心には高いものがあるが、基礎知識だけでももって観覧すれば、それぞれの宝物が見学者にもっと多くの奈良時代の人々の実相を語りかけ、有意義な時間をすごすことができるのではないだろうか。さらにいうならば、正倉院展見学に限らず人生のさまざまな場面でも有益と思われる。本書執筆の意図もまさにそこにあって、関心のある読者の欲求に応《こた》えることを第一の目的にしている。

まず、奈良時代を対象とした諸書に記述されている事柄についてはわかりやすく紹介することに努めた。そして、追究する余地のある事柄では新しい見解を提示している。他方、従来の諸書では詳しい説明がなく、また記述そのものがなく看過されているものの、奈良時代を理解するうえで重要と思われる事柄については詳細に論じることを心がけた。

本書では奈良時代の政治史を中心に話をすすめていく。皇位継承をめぐって長屋王《ながやおう》の変、橘奈良麻呂《たちばなのならまろ》の変、恵美押勝《えみのおしかつ》の内乱などの政変・政争がつづき、熾烈《しれつ》な権力闘争のなかに赤裸々な人間本来の姿がみえた時代でもあった。けれども、歴史とは人々の生活の足跡にほかならず、政治史だけで奈良時代を語りつくすことはできない。経済・宗教・文化・外交などの諸分野とも連動しているわけであるから、そうした面にも留意する必要があると考える。

ところで、近年の奈良時代研究の進展にはめざましいものがある。『続日本紀《しょくにほんぎ》』（『日本書紀』に次いで編まれた正史）や正倉院文書《しょうそういんもんじょ》などをはじめとする文献への高度な史料批判による成果と、考古学による成果、なかでも平城京《へいじょうきょう》をはじめ地方からも出土する木簡《もっかん》などの新しい史料の解読と科学的分析によって、奈良時代の政治をはじめ生活実態の解明は一挙にすすんでいる。本書ではこれらの最新の研究成果をふまえて叙述していく。

なお、改元のあった年は、原則としてその年の初めから新しい年号とした。たとえば神亀《じんき》六年は八月五日に改元して天平《てんぴょう》元年となったが、この年のことはすべて天平元年とすることになる。

本文中の史料の中心をなす『続日本紀』の訓読引用については新日本古典文学大系本に準拠したが、著者の意図で改変したところもある。また、訓読引用文の語訳については、故直木孝次郎先生が主導した成果である東洋文庫本を参考にさせていただいた。衷心より感謝する次第である。

目次

関係略系図（数字は皇位継承の順序）

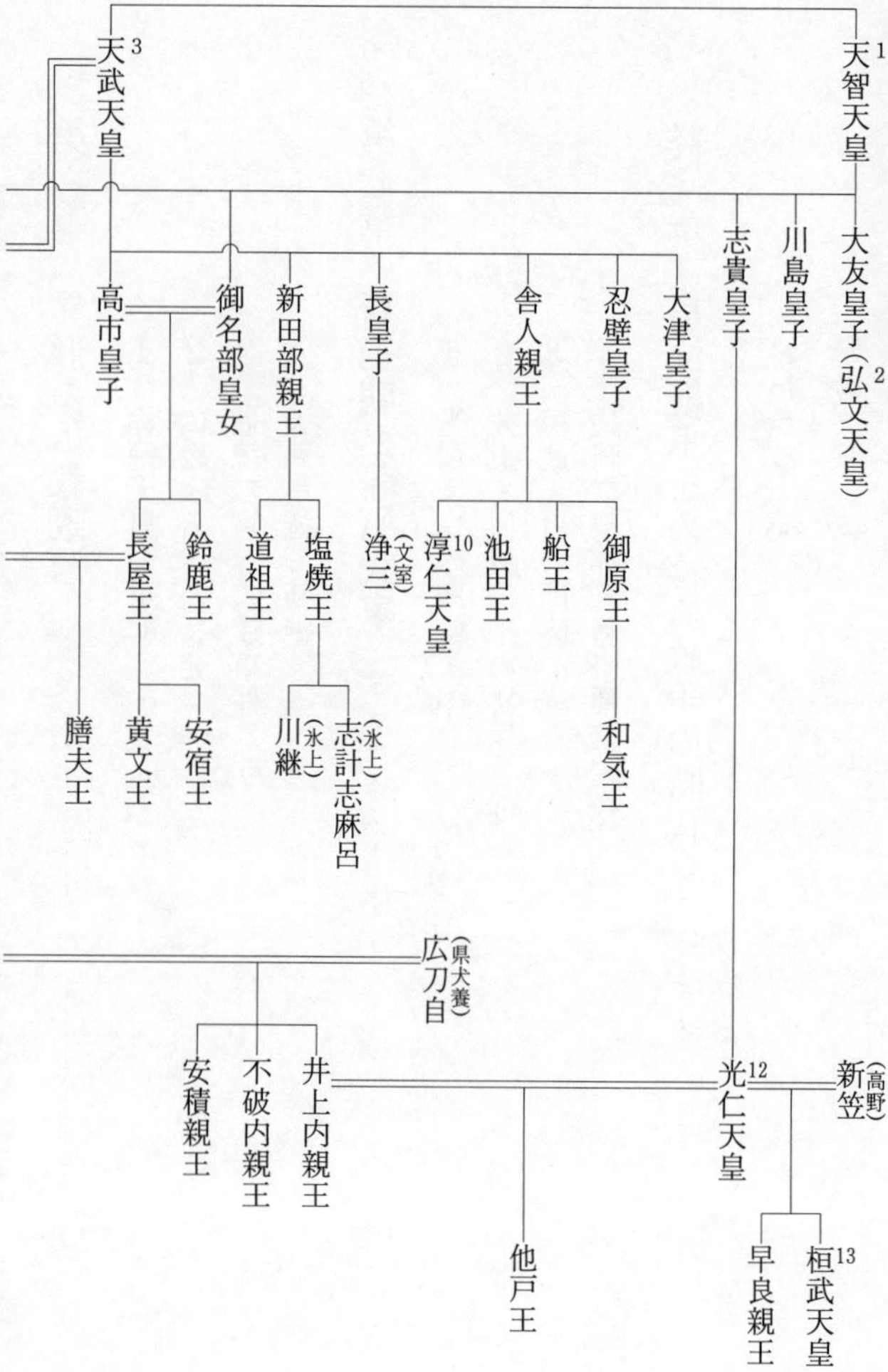

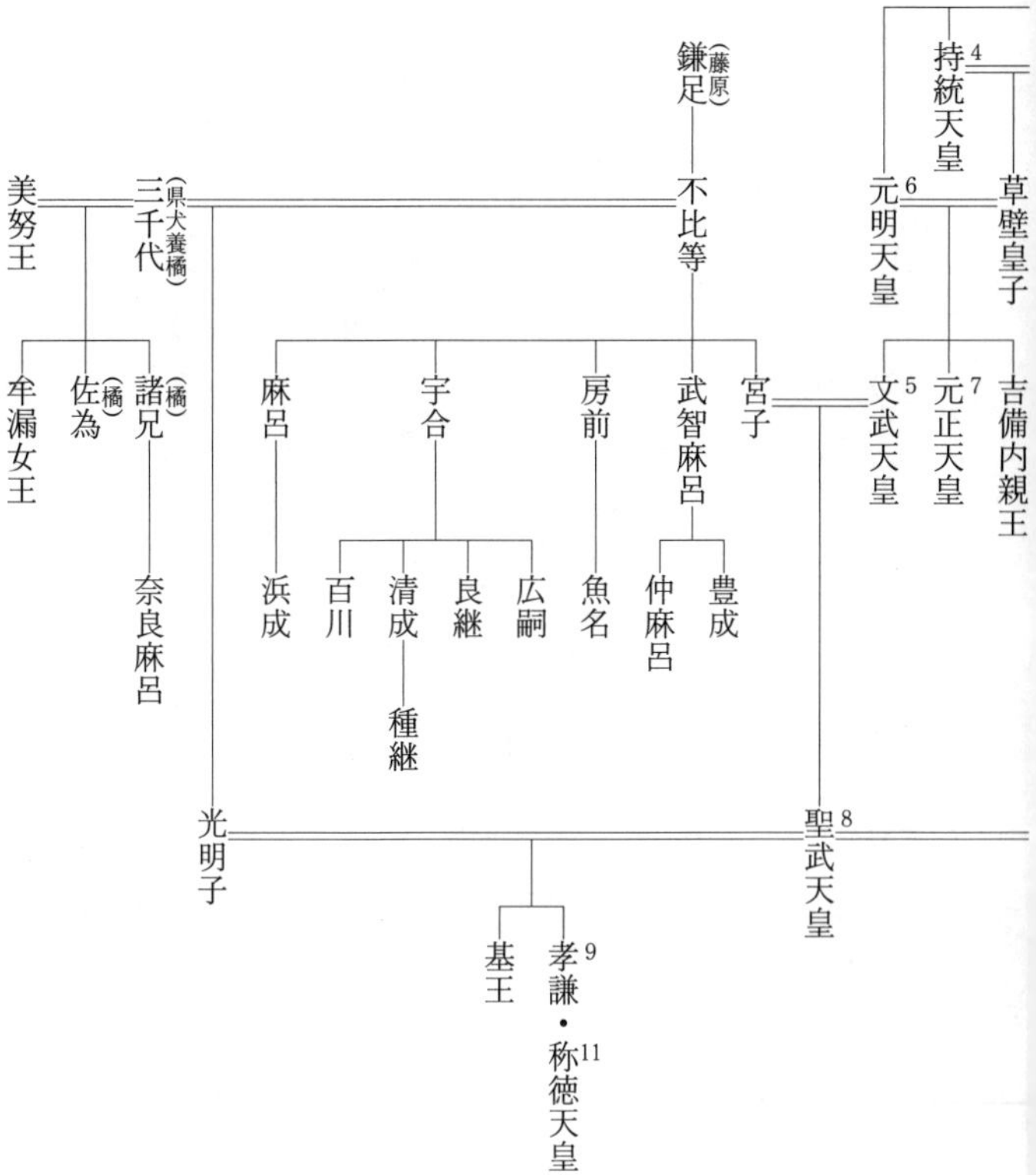
4 持統天皇
草壁皇子
6 元明天皇
吉備内親王
7 元正天皇
5 文武天皇
(藤原)鎌足
不比等
宮子
武智麻呂
房前
宇合
麻呂
豊成
仲麻呂
魚名
広嗣
良継
清成
百川
浜成
種継
(県犬養橘)三千代
美努王
(橘)諸兄
(橘)佐為
牟漏女王
奈良麻呂
8 聖武天皇
光明子
9 孝謙・11 称徳天皇
基王

国名	現都府県名
伊　豆	静　岡
駿　河	
遠　江	
三　河	愛　知
尾　張	
美　濃	岐　阜
飛　驒	
信　濃	長　野
甲　斐	山　梨
越　後	新　潟
佐　渡	
越　中	富　山
能　登	石　川
加　賀	
越　前	福　井
若　狭	

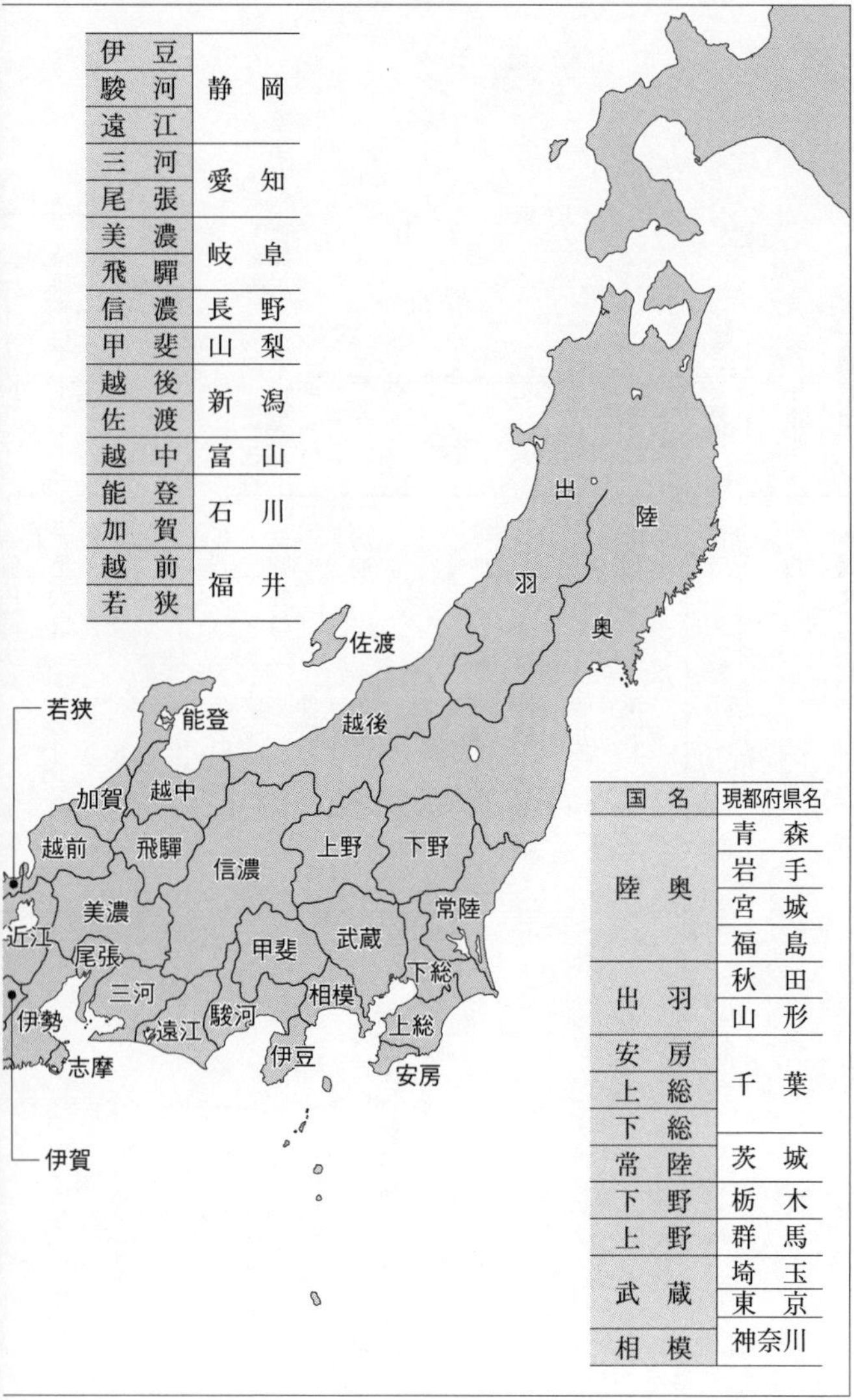

国　名	現都府県名
陸　奥	青　森
	岩　手
	宮　城
	福　島
出　羽	秋　田
	山　形
安　房	千　葉
上　総	
下　総	
常　陸	茨　城
下　野	栃　木
上　野	群　馬
武　蔵	埼　玉
	東　京
相　模	神奈川

旧国名地図．国名は『延喜式』による．

筑前	福岡
筑後	
豊前	大分
豊後	
日向	宮崎
大隅	鹿児島
薩摩	
肥後	熊本
肥前	佐賀
壱岐	長崎
対馬	

阿波	徳島
土佐	高知
伊予	愛媛
讃岐	香川
備前	岡山
美作	
備中	
備後	広島
安芸	
周防	山口
長門	
石見	島根
出雲	
隠岐	
伯耆	鳥取
因幡	

近江	滋賀
山城	京都
丹後	
丹波	兵庫
但馬	
播磨	
淡路	
摂津	大阪
和泉	
河内	
大和	奈良
伊賀	三重
伊勢	
志摩	
紀伊	和歌山

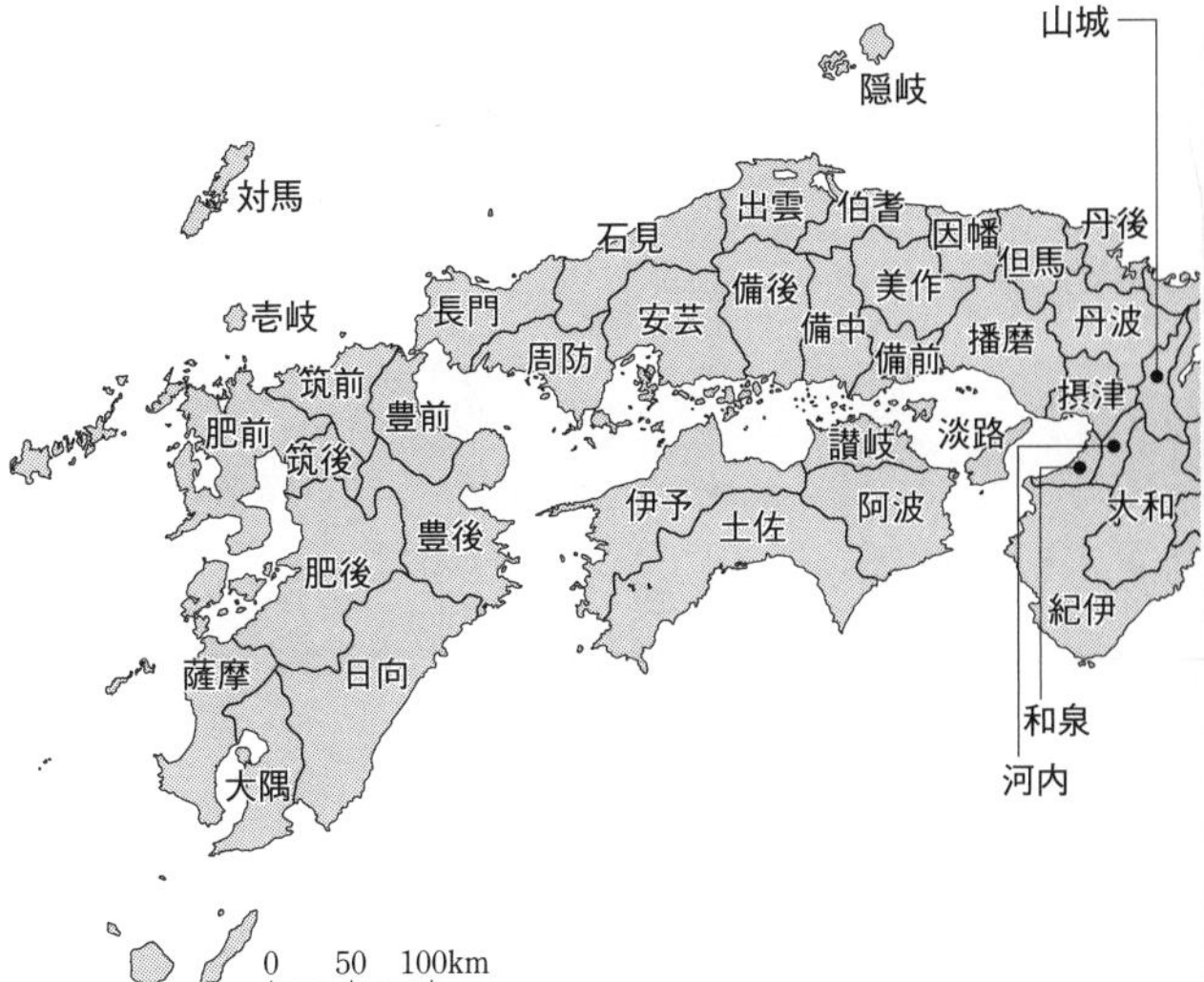

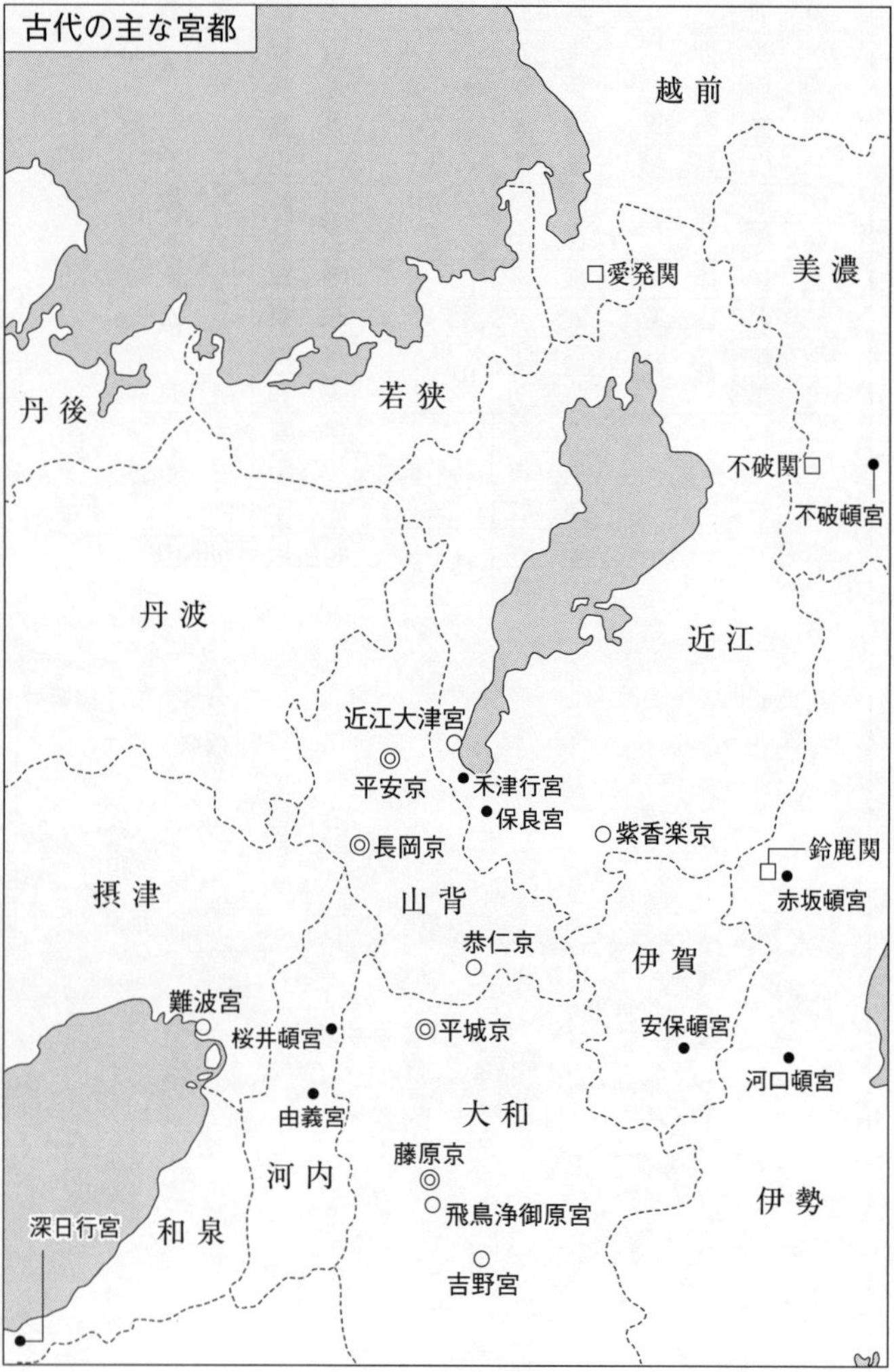
古代の主な宮都
越前
美濃
□愛発関
若狭
丹後
不破関□
不破頓宮
丹波
近江
近江大津宮
平安京
禾津行宮
保良宮
紫香楽京
鈴鹿関
赤坂頓宮
長岡京
摂津
山背
恭仁京
伊賀
難波宮
桜井頓宮
平城京
安保頓宮
河口頓宮
由義宮
大和
藤原京
河内
伊勢
飛鳥浄御原宮
深日行宮
和泉
吉野宮

奈良時代

序章　律令国家への道——天武天皇の後継者たち

天武皇統の創始

兄天智天皇《てんじてんのう》の後継をめぐって甥《おい》の大友皇子《おおとものおうじ》と皇位を争った大海人皇子《おおあまのおうじ》が壬申《じんしん》の乱で勝利して飛鳥浄御原宮《あすかきよみはらのみや》で即位、天武天皇《てんむてんのう》となったのは天武天皇二年（六七三）二月のことであった。ここに平城京《へいじょうきょう》を都とし律令《りつりょう》（律は刑法、令は民法・行政法）を基本とする律令国家の歴代天皇に、天武の子孫たちが君臨する奈良時代七〇年余の成立に先立つ天武王朝が実質的に始まったといってよい。

天武には、皇后鸕野讃良《うののさらら》（菟野《うの》）皇女《おうじょ》との間に草壁《くさかべ》、その亡姉である大田皇女《おおたのおうじょ》との間に大《おお》津皇子《つのおうじ》、大江皇女《おおえのおうじょ》との間に長皇子《ながのおうじ》・弓削皇子《ゆげのおうじ》、新田部皇女《にいたべのおうじょ》との間に舎人皇子《とねりのおうじ》という天智の娘四人の妃《きさき》との間の五人をはじめ、藤原鎌足《ふじわらのかまたり》ら諸豪族の娘である夫人《ぶにん》との間に五人、合わせて一〇男があった。なかでも貴種ということから考えて、草壁・大津が、また母が地方豪族の娘だが長男ということから高市皇子《たけちのおうじ》も皇嗣《こうし》（皇位継承の第一順位者）として有力視されていた。

天武天皇八年（六七九）五月、天武は草壁・大津・高市・忍壁《おさかべ》（刑部）らと天智の皇子である川島《かわしま》（河嶋）・志貴《しき》（施基）の六皇子をともなって、かつて天智との確執によって近江大《おうみおお》津宮《つのみや》から離れ隠遁《いんとん》して再起をはかっていた吉野《よしの》に行幸《ぎょうこう》した。この吉野という天武にとって思い出深い土地で、天武は六皇子にむかい「千年後までも皇位継承の争いを起こさないように確認したい」といったところ、最初に草壁が「兄弟十余人はおのおの母が異なっているが、助けあって争いはしない」と誓った。このことを「吉野の盟約」と称しているが、これにより草壁が実質的に皇嗣となったとみられる（遠山美都男「「吉野盟約」の史的意義」）。

これから二年後の天武天皇十年（六八一）二月、天武は草壁を皇太子として「万機《ばんき》を摂《ふさねおさ》めしめたまふ（一切の政務を執行させる）」（『日本書紀』天武天皇十年二月甲子《きのえね》条）ことを正式に決定し、同日には飛鳥浄御原律令の編纂《へんさん》をも命じ、のちに八色《やくさ》の姓《かばね》（新たに真人《まひと》・朝臣《あそん》・宿禰《すくね》などの八つの姓を設けて身分を明確にした）を制定するなどしているのは、将来の草壁即位を考えての国家づくりのためであった。これで草壁の皇嗣としての立場が定まったかにみえたが、同十二年二月には大津にも「朝政を聴《きこ》しめす（朝廷の政治を執らせる）」（『日本書紀』天武天皇十二年二月己未《つちのとひつじ》条）ことを命じたため、政治の主導権は大津に移る状況ともなり（押部佳周「「大津皇子、始聴㆓朝政㆒。」の意義」）、二皇子の間に禍根を残すことになった。

それは天武天皇十五年（六八六）九月、天武が没した直後に大津の皇太子草壁への謀反《むへん》というかたちで現出した。この謀反を密告したのが「吉野の盟約」にもともに参加した親友の川島であったとは、大津にとっては想像すらしていなかったことであった（直木孝次郎「河嶋皇子の悩み」）。

大津は逮捕され、死に追いこまれた。妻で天智皇女の山辺《やまのべ》は髪を振り乱して裸足《はだし》で駆けつけて殉死《じゅんし》したが、これをみた者はみなすすり泣いたという。大津は「容姿はたくましく、言葉は晴れやかで、天智天皇にも愛された」（『日本書紀』朱鳥元年十月己巳《つちのとみ》条）ということで、皇太子草壁に対してライバル視される存在であったようで、皇后と皇太子によって排除された可能性がある。

奈良時代の胎動

大津皇子の事件のこともあり、草壁皇太子の即位に不満をもつ諸皇子のことを考慮して、まずは皇后が称制《しょうせい》（臨時に政務を執ること）として時節を待つことになったが、その草壁は持統天皇《じとうてんのう》三年（六八九）四月に没してしまう。皇后は草壁の遺子である軽《かるの》（珂瑠）皇子《おうじ》への継承を強く願っていたが、軽はまだ七歳（数え年。以下同様）でとても皇位を継承することは叶《かな》わなかった。当時は父子の直系相承意識はまだ定着しておらず、兄弟の継承も十分にありえたなかで、草壁の兄弟、なかでも長兄高市皇子をはじめ天智皇女を母とする天武諸皇子らの即位の可能性も十分にあった。

このような政情のなかで、皇后は持統天皇四年（六九〇）正月に正式に即位して持統天皇となり、七月に高市皇子を太政大臣《だいじょうだいじん》に任じることで妥協をはかるとともに軽の成長を待っていたが、高市の生存中はなかなか皇太子に立てることができなかった。その間に同八年十二月に藤原京《ふじわらきょう》への遷都が行われたりしたが、同十年七月に高市が没すると、翌十一年二月に早速に軽の立太子をはかった。これには予想されたように天武諸皇子らの反発があり、なかでも天智皇女の大江を母とする弓削皇子が同母兄の長皇子を擁する姿勢をみせるなど（直木孝次郎『持統天皇』）、衆議は紛紜《ふんうん》としてまとまらなかった（『懐風藻《かいふうそう》』）。

その時に葛野王《かどのおう》の「我が国の法では、神代以来、天位は子孫が相承していて、兄弟におよべば乱が興ることになる」との一言によって軽の立太子が決定したという。じつは葛野王は、天智の孫で大友皇子の長男であって、本来は壬申の乱が起きなければ皇位に最も近い立場にあったから皮肉なめぐりあわせではあった。このことを伝える漢詩集『懐風藻』の撰者《せんじゃ》は明確ではないが、葛野王の孫淡海三船《おうみのみふね》（御船王《みふねおう》。淡海氏を賜姓《しせい》）とするのが最有力であって、もし三船であれば、ここに天智天皇―大友皇子―葛野王へとつながる天智皇統の正統性を示《し》唆《さ》して、天武の皇統を簒奪《さんだつ》王朝として印象づけようとした意図が窺《うかが》える。

このような経緯を経て、文武天皇元年（六九七）八月に軽は帝位に即《つ》き、文武天皇《もんむてんのう》となった。一五歳であったため持統が太上天皇《だいじょうてんのう》として擁護していたが、持統は文武即位五年後の大宝《たいほう》二年（七〇二）十二月に、後事を妹で文武の母である阿閇皇太妃《あへのこうたいひ》（草壁皇太子の妃としての名称）と文武に長女宮子《みやこ》を嫁がせている藤原不比等《ふひと》に託して没した。

しかし、その文武も慶雲《けいうん》四年（七〇七）六月に二五歳という若さで亡くなると、この危難を克服して文武嫡子の首皇子《おびとのおうじ》（のちの聖武天皇《しょうむてんのう》）に皇位をつないで天武皇統を守るためということで、現代にいたるまでも例のない亡くなった天皇の母が即位するという非常手段をとって、阿閇が即位して元明天皇《げんめいてんのう》となった。ただ元明の即位にあたっても、まだ天智皇女の新田部皇女を母とする舎人皇子や亡き高市皇子の長男長屋王《ながやおう》らの対抗する勢力もいて、これには孫の首の即位を切望する不比等の助力が必要であった（寺崎保広「元明天皇即位に関する覚書」）。

元明は首の成長をひたすら待ち、その即位を願って不比等とともに新都平城京への遷都をはかった。ここに元明と不比等らによって奈良時代は開かれたのであって、この天武王朝を象徴する平城京で本格的な律令国家が営まれて、幾多の政争が繰りかえされることになるのである。

第一章　律令国家建設と平城京

1　不比等と律令国家の誕生

大宝律令の成立

天武天皇《てんむてんのう》の没後から政治を領導してきていた持統太上天皇《じとうだいじょうてんのう》は、夫天武の遺志を継ぐとともに、孫の文武天皇《もんむてんのう》による新しい国家建設のことを考慮したのであろう、飛鳥浄御原令《あすかきよみはらりょう》に代わるさらなる法的整備を思って新律令の制定をすすめていたらしい。しかし、その具体的な作業が始まったのは文武天皇四年（七〇〇）三月に律令撰定《せんてい》が命じられ、六月に忍壁親《おさかべしん》王《のう》・藤原不比等《ふじわらのふひと》らほか実務官人《かんじん》ら一九人がその任に補《ほ》されて、編纂のために撰令所《せんりょうしょ》が新設されてからだが、大宝元年（七〇一）八月の完成まで短時間であることを思えば本当はもう少し早く始まっていたのかもしれない（直木孝次郎『持統天皇』）。

この大宝律令の編纂を主宰したのは、飛鳥浄御原令の編纂にも関わっていて経験のあった不比等であった（川崎晃「藤原不比等」）。不比等は、編纂実務者に田辺百枝《たなべのももえ》・同首名《おびとな》の二人も加わっているように律令など学問の家であった田辺氏の一族である田辺大隅《おおすみ》の家で幼少時より養育されてきたから律令に詳しかったのである。

大宝元年（七〇一）三月に「大化」以来となる元号「大宝」を定めるとともに、「大宝令」により二官八省を基本とする官制に改められて、四月からは親王や諸臣らに令の講義が行われている。六月には全国に施行を宣言、八月には地方でも講義が始まり、遅れていた律も完成したこともあって同二年十月には律令の写本が全国に配布されて、本格的な律令施行の体制が整った。持統は、この新しい律令国家の誕生を見定めて安心したのか、十二月に天武のもとへと旅立っていった。

大宝律令は律六巻、令一一巻であって、唐《とう》の高宗《こうそう》の永徽《えいき》年間（六五〇～六五五）に成立した「永徽律疏《えいきりっそ》」と「永徽令」を参考にしているといわれる。内容については、「大略、浄御《きよみ》原朝庭《はらのみかど》を以《もっ》て准正《じゅんせい》とす（おおよそは天武・持統朝に制定された制度を基本とした）」（『続日本《しょくにほん》紀《ぎ》』大宝元年八月癸卯《みずのとう》条）とあるから「飛鳥浄御原令」と大差ないとされてきたが、位階制や官制などは大幅に異なっており（押部佳周「大宝律令の成立」）、これは律令体制を形づくるうえでの基本的な路線の継承をいっていると理解すれば（荊木美行「大宝律令の編纂と浄御原律令」）、政治制度に画期的な影響を与えて、新しい律令国家の成立をもたらしたといってもよく、新都平城京への遷都によって奈良時代の国家運営の基礎となった。

文武天皇の死と元明女帝の即位

大宝四年（七〇四）は五月に改元されて慶雲になって、文武天皇は選限《せんげん》（勤務評定の期間）を短縮し、蔭位制《おんいせい》（祖父・父が五位以上の位階にあれば二一歳以上になると特定の官位を授かる制度）を是正するなど七か条の律令の不備を改正した「慶雲の改革」を行ったりしているが、慶雲三年（七〇六）十一月頃に重病になったようで、嫡子の首皇子《おびとのおうじ》が七歳であったから母阿閇皇太妃《あへのこうたいひ》に譲位の意思を示して、同四年六月に二五歳で亡くなった。

阿閇《みぞう》は慶雲四年（七〇七）七月に即位して元明天皇《げんめいてんのう》となったが、息子から母への皇位継承は未曽有のことであった。直系継承の観念がまだ薄弱であって天武天皇皇子の長《なが》・舎人《とねり》なども有力な継承者であったから、これら反対勢力を抑えて孫の首への継承をもくろむ元明は、藤原不比等の協力をえて持統にならい自らが即位して首の成長までの中継ぎ役を務めようとしたのである（山下信一郎「元明天皇・元正天皇」）。その目的のために天智天皇《てんじてんのう》が定めたとする嫡系皇位継承の原則を規定する「不改常典《ふかいのじょうてん》」を強調した。

一方、元明の即位には根強い反対があって不穏な政治状況にあったから、不比等は元明と首を守るために授刀舎人寮《たちはきのとねりりょう》という天皇親衛軍を創設して反対派の動向に備えている。

2　平城京への遷都

新京造営と遷都

元明天皇が即位した半年後の和銅元年（七〇八）正月に武蔵国秩父郡《むさしのくにちちぶぐん》から和銅《わどう》（精練の必要のない自然銅）が献上された。この祥瑞《しょうずい》（吉兆）の現出は、天人相関説《てんじんそうかんせつ》（人の行為の善悪が自然の異変事と関係するという儒教思想）をうけて新帝の正月を寿《ことほ》ぐとともに天神地祇《てんじんちぎ》（天《あま》つ神と地の神）が元明の即位を祝福しているとして、その正当性を誇示するための演出であった。そして、これを記念して和銅と改元された。祥瑞は、時の為政者によって施政を正当化する方便でもあった。

二月になって、元明は王公大臣たちの要請があり、中国での殷《いん》・周《しゅう》王朝にも多くの遷都の例のあることを理由に新京の造営を決心して、「平城《へいぜい》の地、四禽図《しきんと》に叶ひ、三山鎮《しずめ》を作《な》し、亀筮《きぜい》並に従ふ。都邑《とゆう》を建つべし（平城の地は、青龍《せいりゅう》・朱雀《すざく》・白虎《びゃっこ》・玄武《げんぶ》四神が易《えき》の卦《か》のもとになった河図《かと》に相応して、北東西の三山が鎮めとなっていて、亀甲《きっこう》や筮竹《ぜいちく》による占いも良い結果であるので、都を建てるべきである）」（『続日本紀』和銅元年二月戊寅《つちのえとら》条）と遷都を宣言する。

平城京は、大和《やまと》盆地を南北に貫く三道のうち西道である下《しも》ツ道の延長線上に中心の朱雀大路《すざくおおじ》、中《なか》ツ道が東京極《ひがしきょうごく》に設定されて、大内裏《だいだいり》（皇居と庁舎街）の東側が不比等邸に接してい

平城京復元模型　中央部アップ（上）と全景．南北4.8km，東西4.3km，朱雀大路を中心に左右京を各九条四坊に区画する．左京東側の二条から五条まで十二坊分が張り出した外京がある．京域北中央に内裏・大極殿・朝堂院や官衙（役所）が置かれた平城宮がある．奈良市役所所蔵

ることから、不比等が自邸の隣地に誘致したか（林陸朗『光明皇后』）、内裏《だいり》（皇居）造営とともに邸宅を建設したとも思われる（高島正人『藤原不比等』）から遷都には不比等の発言力が大きかった。

造営は、造宮卿《ぞうぐうきょう》（造宮省の長官）に任じられた大伴手拍《おおとものたうち》や造平城京司《ぞうへいぜいきょうし》（平城京の造営を掌《つかさど》った臨時官）長官の多治比池守《たじひのいけもり》を中心に大匠《たいしょう》（大工の長《おさ》）の坂上忍熊《さかのうえのおしくま》らによってすすめられ、和銅元年（七〇八）十二月には地鎮祭を行い、造営工事中に墳墓がみつかった場合には酒を注いで丁寧に埋葬することなどを命じている。その間に元明もたびたび行幸して、ついに同三年三月になって藤原京から「青丹《あおに》よし 奈良の都は 咲く花の 薫《にお》ふがごとく 今盛りなり」（『萬葉集』巻三・三二八番歌）と歌われることになる平城京への遷都が命じられて、ここに実質的な奈良時代が始まることになった。

藤原不比等主導体制

元明天皇が平城京遷都を決意した和銅元年（七〇八）二月の直後（三月十三日）、左大臣に石上麻呂《いそのかみのまろ》、右大臣に藤原不比等、大納言《だいなごん》に大伴安麻呂《やすまろ》（家持《やかもち》の祖父）、中納言に小野毛野《おののけぬ》・阿倍宿奈麻呂《あべのすくなまろ》・中臣意美麻呂《なかとみのおみまろ》らが任じられた。これに従来から知太政官事《ちだいじょうかんじ》（皇親が国政の最高機関である太政官《だいじょうかん》を総攬《そうらん》する）であった穂積親王《ほづみしんのう》（天武の皇子）と、参議朝政《さんぎちょうせい》（二〇〜二一頁に後述）の下毛野古麻呂《しもつけぬのこまろ》を加えて新しい太政官が構成されるとともに、左右大弁《だいべん》（太政官の事務局で八省との連絡を行う左右の弁官局のトップ）をはじめ七省の卿《きょう》（長官）や五衛府《ごえふ》（令制で定められた衛門府《えもんふ》・左右衛士府《えじふ》・左右兵衛府《ひょうえふ》）の督《かみ》（長官）、左右京大夫《さうきょうだいぶ》（都の行政を担当した左右の京職《きょうしき》の長官）、摂津大夫《せっつだいぶ》（摂津国の行政を掌った摂津職《せっつしき》の長官）、大宰帥《だざいのそち》（大宰府《ふ》の長官）・大宰大弐《だざいのだいに》（同次官）のほか二七の国々の国守《くにのかみ》にまでおよぶ大異動が実施されている。

この大異動を主導したのは、六九歳と高齢であった石上麻呂ではなく不比等であったと思われ、これによって不比等は機構的な地位を一歩すすめて実質的に権力を掌握することになった。この政治体制を「和銅元年体制」と称しているが、まだ絶対的な地位を確定したわけではなく（野村忠夫『律令政治の諸様相』）、それは後述するように養老《ようろう》二年（七一八）三月まで待たなければならない。「不比等政権」とはせずに「不比等主導体制」とする所以《ゆえん》である。

その理由としては、やはり左大臣に石上麻呂がいたからである。和銅三年（七一〇）三月の平城京遷都にともなって麻呂は藤原宮の留守官《るすかん》に任じられているが、これは不比等が麻呂を新京から疎外するものであったとするのが通説である（上田正昭『古代日本の女帝』）。しかし、麻呂の娘国守《くにもり》（国盛とも）が不比等三男宇合《うまかい》の正室に迎えられていることから（木本「石上国盛と石上国守」）、二人は政敵ではなく協調的な関係にあったのではないかと思う（木本『律令貴族と政争』）。最近でも不比等による『日本書紀』編纂に麻呂も関わっていたことから、麻呂が政治的に疎外されていたとするのは困難だとする見解がでてきている（篠川賢

『物部氏』）。

首皇子の立太子

和銅七年（七一四）六月、文武天皇の遺子首皇子が皇太子に立てられた。文武には皇后は立てられずに、即位と同じ月に夫人《ぶにん》（三位《さんみ》以上の位階にある、皇后・妃に次ぐ天皇妻妾《さいしょう》の地位）となった藤原不比等の娘宮子《みやこ》と、嬪《ひん》（夫人に次ぐ五位以上の天皇の妻妾）の紀竈門娘《きのかまどのいらつめ》・石川《いしかわの》刀《と》子娘《ねのいらつめ》がいた。そして、宮子には首皇子、刀子娘にも広成皇子《ひろなりおうじ》・広世皇子《ひろよおうじ》兄弟（同一人説もあり）という男子がいた。そのなかで宮子は地位が夫人であるし、なんといっても政権主導者の祖父不比等と、不比等の妻で元明天皇が最も信頼を寄せている県犬養橘《あがたいぬかいのたちばなの》三千代《みちよ》らの後援をうける首の立太子が当然視されていた。

しかし、物事はそうスムーズにはいかなかった。首立太子の半年前には刀子娘と竈門娘の二嬪の号を貶《おと》して、今後は嬪と称することを禁止する措置がとられている。これは刀子娘の出自である石川氏は当代随一の名門の蘇我《そが》氏の後裔《こうえい》氏族で、門閥《もんばつ》の高貴さでは新興の藤原氏を凌駕《りょうが》しており、また元明や知太政官事であった穂積親王の母も蘇我氏出身であることから、その男子の広成らも首に劣る存在ではなかったからであった。刀子娘の嬪号剝奪《はくだつ》には、広成らを皇籍から離脱させて首の立太子を確実にする陰謀があったわけで、その陰謀を企んだのは不比等と三千代の二人であった（角田文衞「首皇子の立太子」）。

そして、この二人は首の皇嗣を考慮して女性を配することも忘れなかった。それを主導したのは三千代であった。娘安宿媛《あすかべひめ》（のちの光明皇后《こうみょうこうごう》）と従姉弟《いとこ》唐《もろこし》の娘県犬養広刀自《ひろとじ》（木本「県犬養橘三千代と県犬養広刀自」）を、ほぼ同時であろうが首に配している。それは広刀自が井上内親王《いのえないしんのう》を養老元年（七一七）に、安宿媛が阿倍内親王《あべないしんのう》（のちの孝謙天皇《こうけんてんのう》）を翌養老二年に生んでいることから、首の立太子直後のことであったことがわかる。

3　中継ぎ元正女帝の即位

元正女帝の即位

霊亀《れいき》元年（七一五）九月、元明天皇は娘の氷高内親王《ひだかないしんのう》に譲位して、氷高は即位して元正《げんしょう》天皇《てんのう》となった。和銅四年（七一一）閏《うるう》六月には中臣意美麻呂、前年の和銅七年（七一四）四月には中納言小野毛野が、五月には大納言大伴安麻呂が相次いで没したのにつづいて、この年の七月には知太政官事の穂積親王も亡くなったこともあって、太政官は左大臣石上麻呂、右大臣藤原不比等、中納言阿倍宿奈麻呂の三人だけとなって弱体化した。そこで急遽《きゅうきょ》、巨《こ》勢麻呂《せのまろ》を中納言に登用して立て直しをはかったが、そのようななかで元正が即位したのであった。

この時、譲位した元明は五五歳であったから「老齢となって政事を執ることに疲れたので、皇位を首皇太子に譲りたいと思うがいまだ幼少であることから、若くかつ沈着冷静である氷高に譲位する」(『続日本紀』霊亀元年九月庚辰《かのえたつ》条)といっている。幼少とされる首は一五歳、元正は三六歳であったが、この氷高への譲位は早くから予定されていて、三六歳まで独身であったのは皇位継承者としてプールされていたらしい(渡部育子『元明天皇・元正天皇』)。霊亀元年(七一五)正月に二品《にほん》(四階ある皇子女の位階での二階)から一品《いっぽん》が授けられているから、このあたりから即位にむけて具体的なことがすすめられていたのであろうが、水面下では種々の不満や問題があった(北啓太「聖武天皇」)。

この年の正月元旦《がんたん》、皇太子首が初めて礼服を着用して朝賀《ちょうが》(元旦に天皇が臣下から祝賀をうける儀式)に出席したが、その時には瑞雲(めでたい時にかかる雲)が現れたということで、大赦《たいしゃ》を行うとともに広範に官人への昇叙《しょうじょ》が行われた。これは元正の後継者としての首の存在を顕示するものであった。

元正の即位について、元明は「首の即位が望ましいが、まだ幼少であることから元正に譲位する」といっていることから、元明もそうであったように中継ぎの即位であるといわれてきた。しかし男帝となんら異なることがないことから単なる中継ぎではないとの見解も多い。元正は、藤原氏との駆け引きや陰謀にも上手《うま》く立ち回りながら揺れ動く天平《てんぴょう》の時代を支えるなど真の為政者だったとの評価がある(渡部育子『元明天皇・元正天皇』)。しかし、基本的には天武・持統両天皇の嫡系継承を維持することを目的として、四〇歳前後で即位するという慣習が残っていたので、首のように幼少の場合には直系尊属の女性が即位して本来の皇嗣が成長するまで皇位に在位するということであったから、やはり中継ぎと考えるのが適当であろう（佐藤長門「史実としての古代女帝」）。即位すれば天皇権力を発揮することになり男帝と違いがないからといっても、将来の男帝即位を予定して未婚をつづけたうえで中継ぎ機能が求められ（桜田真理絵「未婚の女帝と皇位継承」）、結婚して子をもうけることが避けられていたのは傍系に皇統が移ることを防ぐためである。つまり基本的には自らの皇嗣をもつことが許されていない天皇は中継ぎと理解するのが妥当だと思う。

藤原不比等政権成立と四子

霊亀二年（七一六）になっても、太政官は欠員を補充できないで、左大臣石上麻呂、右大臣藤原不比等、中納言阿倍宿奈麻呂・巨勢麻呂の四人で政権を運営しなければならない状況がつづいていた。翌三年正月に巨勢麻呂が、三月に石上麻呂が没して、ついに太政官は不比等と宿奈麻呂の二人となって早急に欠員を補充する必要に迫られた。

前述したように和銅元年（七〇八）三月に八人で成立した不比等主導体制は八年を経て危急的状況となった。なぜ、死欠の際に補充をしなかったのだろうか。大きな理由としては、この頃の太政官メンバーは有力豪族の代表者によって構成されていたから（一氏一人制）、新たなメンバーについては各豪族で牽制《けんせい》しあって不比等といえども調整できなかった可能性がある。ことに元正天皇は、母親の元明天皇ほど存在感があったわけではなく権力基盤も弱かった（東野治之「元正天皇と赤漆文欟木厨子《せきしつぶんかんぼくのずし》」）から不比等の政権運営は厳しいものとなっていた。

このような不比等の行きづまった政権運営を助けて、不比等政権を最終的に成立させるのに大きく寄与したのはほかならない息子たちであった（木本「藤原不比等と四子」）。不比等も後宮《こうきゅう》（皇后など妻妾と仕える女官ら）対策・他氏排斥策とともに、息子の栄進策を積極的にとっている（高島正人「藤原不比等の藤氏振興策」）。以下、このことについて記していこう。

(1)房前の参議朝政

このような不比等ピンチのなかの養老元年（七一七）十月になって、二男房前《ふささき》が参議朝政に任じられた。不比等が太政官内での行動の補佐を期待してのことであった。これについては不比等が凡庸な長男武智麻呂《むちまろ》に代わって房前を実質的後継者として明確にしたとか（野村忠夫『律令政治の諸様相』）、また後継者として期待して議政官《ぎせいかん》（国政審議官）の慣例を破ってまで登用したとする理解がある。

けれども実相はそうではなく、太政官の正式メンバーである正官《せいかん》は中納言以上であって参議朝政はまだ非正官で、いわば見習いのようなものであった（虎尾達哉『日本古代の参議制』）。太政官構成員は、一氏一人制であったから一族から二人を正官として採用するわけにはいかない。非正規な参議朝政としてであれば反発が少ないということもあって、不比等は房前を登用したのであったが、これには不比等の深慮があった。不比等が没すれば、当然その後任として正官の中納言に後継者が登用されることになる。もし、不比等が房前を後継者として考えていたならば、房前が参議朝政から中納言に昇格したはずであるが、そうすれば藤原氏から正官＋非正官（計二人）であったのが正官一人になる。しかし、不比等の没後に中納言に補せられたのは武智麻呂であった。これで正官＋非正官（計二人）が保持された（高島正人「「中納言」・「参議」の新置とその意義」）。

よって不比等は、けっして房前を後継者としたわけではなく長男である武智麻呂を後継者として考えていて、自分の死後に中納言の正官として太政官に入れ、房前とともに兄弟そろって太政官内に二人をおいて藤原氏の発展を期待していたのである。

(2)麻呂と養老改元

不比等にとって早急の課題は抜本的な太政官の強化であったが、カリスマ性に劣る元正天皇のもとで諸豪族の政治的な思惑と欲求が絡んで、その解決は不比等といえどもそう簡単なことではなかった。

そこで不比等は一挙に太政官再編を意図とした策謀を企てた。それは美濃国当耆《みののくにたぎ》（当伎《たぎ》）郡多度山《ぐんたどやま》からの美泉の出現を演出して、これを契機に太政官を強化して、霊亀から養老に改元することであった。『続日本紀』養老元年（七一七）十一月癸丑《みずのとうし》条には、元正が当耆郡に行幸して、美泉で手や顔を洗うと肌が滑らかになり、痛いところを洗うと癒えたといい、白髪が黒髪となり目も良くなり、余病もすべて平癒したということで、この美泉を大瑞として霊亀三年を養老元年と改元したとみえる。このようなめでたい自然現象や動植物などの出現は祥瑞とされて、大上中下瑞の四つに分類規定されていた（「延喜治部省式」祥瑞条）。

古代には天皇による政治も天と不可分なものであって、その政治行為は自然現象に表出して、善政だと瑞兆が出現し、反対に悪政だと災害が起こる天人相関の儒教思想が信じられていて、即位にともなう代始《だいはじめ》改元以外に、祥瑞改元と災異《さいい》改元が行われていた。祥瑞が現れるというのは、天皇の治政が徳政であることを天より認められたというわけで、時の為政者によって施政が正当化される方便となっていた（東野治之「飛鳥奈良朝の祥瑞災異思想」）。これによって不比等は、危急な状況にあった自己政権を正当化しようと謀ったのである。

元正は霊亀三年（七一七）九月十一日に平城京を発《た》ち二十日に多度山の美泉をみて、二十八日に帰京している。政治的に不安定な時に、平城京を遠く離れた二〇日近くもの行幸は異例である。途中の近江国では、山陰道は伯耆国《ほうきのくに》より、山陽道は備後国《びんごのくに》より、南海道（四国）は讃岐国《さぬきのくに》より、美濃国では、東海道は相模国《さがみのくに》より、東山道では信濃国《しなののくに》より、北陸道は越中《えっちゅうの》国《くに》より近隣の諸国司《こくし》を集めて風俗の歌舞を奏させている。これは政治不安を考慮して地方国司らにあらためて国家君主としての天皇への服属を迫るものであって（早川庄八「律令国家・王朝国家における天皇」）、この行幸自体もその延長線上にあると思ってよい。

この美泉の出現、もちろん偶然発見されたわけではなく、あらかじめ用意されていて、美濃国司が深く関与していたが、その中心人物は不比等の四男で介《すけ》（次官）の麻呂であった。麻呂は、この養老改元をはじめとして、その後に大瑞の白亀《はっき》を献上して神亀《じんき》と改元すること や、後述するがやはり甲羅《こうら》に文字がある亀を献上して天平と改元すること、これ以外にも神亀三年（七二六）正月や同四年正月の白鼠《はくそ》・白雀《はくじゃく》の献上などにも中心的な役割を果たしている。どうも祥瑞のことに詳しかったようである。

不比等は、麻呂が蔭位によって出身《しゅっしん》（役人としてスタート）した直後に美濃介として現地に派遣して、郡司《ぐんじ》（国司の下で郡務を担当した地方官）や豪族らと連携をはからせながら（早川万年「元正天皇の美濃行幸をめぐって」）美泉出現を演出して、元正との施政を正当化して、反対派の不満を抑えようとしたのである。半年後の養老二年（七一八）三月には娘婿（二女長娥子《ながこ》の夫）長屋王《ながやおう》を一挙に大納言に登用し、阿倍宿奈麻呂を大納言に昇格させ、中納言に多治比池守・巨勢邑治《おおじ》（祖父《おおじ》とも）・大伴旅人《おおとものたびと》（家持の父）を採用した。参議朝政の房前を加えた太政官を一〇年ぶりに構成強化して不比等政権が成立するのである。麻呂は不比等政権成立に重要な役割を果たした。行幸先が美濃国であったのは軍事上の要衝地であり、壬申の乱以来の天武皇統に親しい土地柄であったからであろう（木本『藤原四子』）。

(3)武智麻呂と首皇太子

武智麻呂は、慶雲三年（七〇六）七月に大学頭《だいがくのかみ》、和銅元年（七〇八）三月には図書頭《ずしょのかみ》に遷任《せんにん》（他官司《かんし》への異動。官司は役所のこと）するなど文学面での経験にも留意されるが、注目されるのが侍従《じじゅう》を兼任していることである。侍従は天皇に常侍・補佐するなど身辺の世話をするのが職掌であり（荊木美行「侍従に関する覚書」）、天平宝字《てんぴょうほうじ》四年（七六〇）に息子仲麻呂《なかまろ》によって成立した「武智麻呂伝」（長谷部将司「藤原仲麻呂と『藤氏家伝』」）にも朝から内裏で元明天皇に侍《はべ》り、元明の言葉をうけるようにひかえていたとみえている（佐藤信『『家伝』と藤原仲麻呂」）。これは不比等による措置であって、元明と不比等との連携のためであった。

また、なにより武智麻呂の役割で注目されるのが、首皇太子との緊密な関係である。養老三年（七一九）正月に首の朝賀の拝謁に際して、賛引役《さんいんやく》（導き役）を務めている。「武智麻呂伝」によれば、武智麻呂は七月に元服した首を善に導くために指導する東宮傅《とうぐうふ》に任命されている。首は武智麻呂の指導で狩猟の遊びをやめ、学問をとおして善良な人格が形成されたという。これも不比等による即位後の首と武智麻呂との信頼醸成を思ってのことであろう。

そして、政務に関することとしては和銅五年（七一二）六月に近江守に任じられているが、これも藤原氏の基盤地である近江国の国情を長男として理解し、また地方政情を把握するために不比等が命じたもので、武智麻呂は国内を巡行して不比等の期待に応えている。加えて、霊亀二年（七一六）十月には式部大輔《しきぶだいふ》（式部省の次官）に遷《うつ》り、養老二年（七一八）九月には式部卿に転任（同官司内での異動）している。式部省は考課（勤務を評定）と選叙（昇叙を評定）など人事権を掌握する八省のなかで最も重要な役所であり、藤原氏は式部卿職を占有して勢力拡張を目指してきたから、武智麻呂が式部大輔となると、下僚に穂積老《ほづみのおゆ》・中臣東《なかとみのあずま》人《ひと》などを用いて省内の体制を一新して不比等政権を内部から支えた。

⑷宇合と按察使

最後に宇合と按察使《あぜち》についてみてみる。按察使は、養老三年（七一九）七月に創設された地方監察を目的とした役職で、主要国の国守が周辺の二〜四か国を管轄、巡行して国司の違法行為や国民への犯罪があった場合には、徒罪《ずざい》（懲役刑）以下の処断が認められていた。宇合は常陸《ひたち》国守として安房《あわ》・上総《かずさ》・下総《しもうさ》の三か国の按察使に任じられていた。

按察使は、ただ地方官人の不正や怠慢の監察だけが任務ではなく、『類聚三代格《るいじゅさんだいきゃく》』（院政期以前に成立。弘仁《こうにん》・貞観《じょうがん》・延喜《えんぎ》の三代格を事項別に分類編集した法令集）巻七に載せる「按察使訪察事条事」によると、国民に対して農業・養蚕などに努めることの要求もあって、国司・郡司の官僚的側面を監察し、中央財政を支える調庸《ちょうよう》（調は絹・糸や海産物などを納め、庸は労役の代わりに土地の産物を納める）の増益に努め、それに加えて民政の安定も主要な任務だった（坂元義種「按察使制の研究」）。その職掌は、「養老職員令《しきいんりょう》」太政官条に規定する巡察《じゅんさつ》使と同じであるが、巡察使が臨時に派遣されて視察する短期間の監察であったのに対して（林陸朗「巡察使の研究」）、按察使は国守の兼任で常駐した中央政府の権限代行者として国司を管理する上級地方行政官であって（今泉隆雄「按察使制度の一考察」）、地方の問題に即時に対応・対策をとることができた。律令施行後二〇年に満たないことから中央集権体制の構築に大きく寄与した重要な役職であった。

この前後の地方の実情はというと、連年の不作から国民生活は困窮をきわめていた。和銅四年（七一一）十一月には正税《しょうぜい》（田からの徴税）から「借貸《しゃくたい》」として三年間無利子で貸与し、私出挙《しすいこ》（個人による利子付き貸し付け）も利率を半減して五割を超すことを禁止するなどの救済措置をとっている。ところが国司・郡司や里長《りちょう》らは「借貸」を利用して自らが無利子で借りて、国民に私出挙して利益を貪《むさぼ》る事態が横行した。同五年五月に政府はこれに重罪に科すことを命じ、郡司の評価基準を示して、これにもとづいて国司が郡司の状況を朝集使《ちょうしゅうし》（地方官人の勤務評定や雑多な公文書を中央に進上する使）に報告することにしている。さらに霊亀元年（七一五）五月には私腹をこやし、農業を妨げるなど国民生活を侵害することのないように国司・郡司を上中下の三段階に評定して下等の者は解任するように善政を勧めている。

このように地方政治の乱れの引き締めは、不比等政権の政策課題であったから、これを解決するために按察使を創設したことは注目される。これは養老二年（七一八）十二月に入京した遣唐使《けんとうし》の多治比県守《たじひのあがたもり》（池守の弟）や宇合らが唐の景雲《けいうん》二年（和銅四年・七一一）に創置された唐制の按察使（『旧唐書《くとうじょ》』巻七など）を参考に進言したものであって、帰国後七か月で実施していることから、差し迫っていた地方政治改革を推進するうえで、宇合らの積極的な関与がしられる。

不比等の死

養老四年（七二〇）八月、藤原不比等は元正天皇らの平復の願いもむなしく六二歳で没し、火葬のうえ佐保山《さほやま》に葬られた（『公卿補任《くぎょうぶにん》』）。

若い時の天武朝では不遇（上田正昭『藤原不比等』）ともいってもよかった不比等がここまで政治権力をもつことができたのは、持統天皇からの信頼があったからであろう（土橋寛『持統天皇と藤原不比等』）。そのきっかけは大津皇子の事件で律令知識に詳しかった不比等が持統の思いをくんで大津を「謀反《むへん》」と結論づけたからだとの説（福原栄太郎「藤原朝臣不比等の登場」）がある。持統には夫天武の夢みた律令国家を実現し、また早世した息子草壁皇太子の遺児で孫の文武天皇に皇位をつなぐという最大の目的があった。その点で、文武との間に曽孫《そうそん》である首皇子をもうけていた藤原宮子の父であり、かつ大宝律令編纂を主宰した不比等とは同じ目的をもつ同志であって、最も期待・信頼する者であった。つまり不比等の政界進出は、皇権に密着して、「律令制度の確立を目指す持統天皇の意志」を基盤としていたのである（中川收「藤原不比等の政界進出」）。

不比等は、養老二年（七一八）三月に長屋王をいきなり政権ナンバー2の大納言に登用し、新たな太政官を組織したことは前述したが、これは後のことは長屋王に託すことを明示したことであった。しかし、いざ不比等が亡くなると政権の動揺は激しかった。征隼人持節大《せいはやとじせつだい》将軍《しょうぐん》として遠く南九州で隼人対策にあたっていた中納言の大伴旅人に急遽帰京を命じていることなどは、その混乱ぶりを示している。政府はこの混乱を克服するために天武皇子の二人、舎人親王《とねりしんのう》を知太政官事に、新田部親王《にいたべしんのう》を知五衛及授刀舎人事《ちごえおよびたちはきのとねりじ》（皇親が五衛府と授刀舎人を統轄する）に命じ、行政と軍事を委任することにして、この政治危難を乗りこえようとしたのである。

不比等政権の諸政策

不比等の政策の特質としては、大宝律令の施行、平城京の造営と遷都、和同開珎《わどうかいちん》鋳造による貨幣経済への指向、地誌・国史の編纂などの革新・画期的なことがあげられ、明確な天皇中心主義と律令の遵守《じゅんしゅ》、民生安定策などが指摘されている（高島正人「藤原不比等の内政策の特質」）。そのなかから先に取りあげた大宝律令の成立、平城京遷都、養老改元、按察使創設以外の重要なものについて簡潔に記してみる。

(1)和銅改元と和同開珎

和銅元年（七〇八）正月十一日、武蔵国秩父郡から和銅が献上された。これは天地の神が政治を祝福して出現したものであるとして、和銅元年と改元したことは前述したが、二月には催鋳銭司《さいじゅぜんし》がおかれて和同開珎の鋳造が始まった。河内《かわち》鋳銭司や大宰府・播磨国《はりまのくに》からも銅銭が献上されていて、一か所ではなく諸国に鋳銭司が設けられて鋳造されていたことから、貨幣は厳密には同規格ではなかった。和同開珎には銀銭も鋳造されたが、和銅二年八月には廃止されて以降は銅銭だけになった。

しかし、本格的な銭貨は初めてのことであったので容易に流通することがなかった。そこで和銅四年（七一一）十月には従六位《じゅろくい》以下の者には一〇貫《かん》（一万文《もん》）を備蓄すると一階昇叙するなどを定めた「蓄銭叙位令《ちくせんじょいれい》」が発令された。これは昇叙による備蓄銭を平城京造営の経費として捻出《ねんしゅつ》するためであった。また調庸を平城京に運ぶ運脚夫《うんきゃくふ》らの帰国までの食料を背負う苦難を軽減するために和同開珎の持参を奨励し、途中の諸国での国司・郡司らによる穀物の売買を命じている。これは運脚夫の苦難を考えてのことだけではなく、和同開珎の全国流通をも意図としたものであった。このように流通がすすまなかったのは銭貨の価値が社会的に決まったものではなかったためで、流通するためには律令国家の強力な政治的介入が必要であった（栄原永遠男「和同開珎の誕生」）。

(2)『風土記』の編纂

和銅六年（七一三）五月、全国の郡・郷名は好《よ》い漢字で表記し、産出する銀などの鉱物をはじめ動植物の種類や山川原野の名称の由来、田地の肥沃《ひよく》程度のランクづけ、古老の伝承している話などを記録して報告することが命じられた。これが『風土記《ふどき》』撰進のことだとされている。この撰進は中国の隋《ずい》・唐代の影響をうけたようで（荊木美行『風土記と古代史料の研究』）、これによって当時の地方の現状がしられる。

ただ残念なことに現在に伝わるのは「出雲国《いずものくに》風土記」「常陸国風土記」「肥前国《ひぜんのくに》風土記」

など数か国だけである。完本は「出雲国風土記」のみで、あとの諸国のは逸文《いつぶん》（後世の部分的引用文）でしかわからない。徐々に研究もすすんでいるが、「常陸国風土記」と九州の『風土記』を対照すると記述書式に似たところがあり、これは常陸守と大宰帥を経験している藤原宇合が成立に関与したのではないかといわれている（秋本吉郎「九州及び常陸国風土記の編述と藤原宇合」）。

(3)『古事記』の成立

『古事記』は、三巻で構成されていて、上巻は天之御中主神《あめのみなかぬしのかみ》から鵜草葺不合命《うがやふきあえずのみこと》までの神代の物語、中巻は第一代の神武天皇《じんむてんのう》から第一五代の応神天皇《おうじんてんのう》まで、下巻は第一六代の仁徳天皇《にんとくてんのう》から第三三代の推古天皇《すいこてんのう》までの皇統を明らかにすることを目的とした現存最古の書籍である。

天武天皇は天皇・皇宮・后妃皇子女の名や国家的な事項を記録する漢文体の「帝紀《ていき》」（「帝《てい》皇日継《おうのひつぎ》」）と、神話・伝説などの国文体の「本辞《ほんじ》」（「先代旧辞《せんだいくじ》」）に多くの虚偽のあることを憂慮して正しく改めるために稗田阿礼《ひえだのあれ》に暗誦《あんしょう》させたが天皇の死で実現せず、この事業は元明天皇に受けつがれて和銅四年（七一一）九月になって太安万侶《おおのやすまろ》に阿礼の誦《よ》むところの撰録を命じて、翌五年正月になって完成して献上された。第二四代仁賢天皇《にんけんてんのう》や推古天皇のように「帝紀」だけに依拠した部分と、それ以外の天皇の「帝紀」「本辞」を併用して記述した部分とがある。

(4)『日本書紀』の成立

養老四年（七二〇）五月には、『続日本紀』に「舎人親王、勅《みことのり》を奉《う》けたまはりて日本紀《にほんぎ》を修《あ》む。是《これ》に至りて功成りて奏上す。紀卅巻系図一巻なり（舎人親王は、勅命《ちょくめい》をうけて『日本紀』を撰修した。ここに完成して天皇に奏上した。本文三〇巻と系図一巻である）」（養老四年五月癸酉《みずのととり》条）とあるように『日本書紀』が完成しているが、いま系図は伝存しない。ここには「日本紀」とあるが、「日本書紀」も早くから使用されていて、どちらが原名であるかはわからない。いまは「日本書紀」原名説の支持が多い。巻一・二は神代（神話）で、巻三の神武天皇から巻三十の持統天皇までの歴史を編年体《へんねんたい》（年月をおって記す）で記している。

『日本書紀』編纂は、天武天皇十年（六八一）三月に川島皇子（天智の皇子）らに命じて「帝紀《ていき》及《および》上《じょう》古諸事《こしょじ》」を記録したことをうけ、存在した記録・伝承を集成して長い編纂の道のりを経て（遠藤慶太『日本書紀の形成と諸資料』）、和銅七年（七一四）二月新たに紀清人《きのきよひと》らが命じられて完成が急がれた。その編纂にあたっては、正確な漢文で書かれた部分と、漢文の誤用・奇用が多くみられる部分に大別されることから、前者は渡来人の薩弘恪《さつこうかく》ら、後者は日本人の山田御方《やまだのみかた》（三方）らの執筆だと推察する説がある（森博達『日本書紀の謎を解く』）。

ただ『日本書紀』の編纂は、前述のように天武朝の修史作業を単純に受けついだわけではなく、かえってこれらを否定して新たに構築した天皇制と日本という国家を東アジアの歴史世界に位置づけるために編纂されたものであるという（関根淳「天皇記とその前後」）。

(5)養老律令の編纂

養老律令は不比等が中心となって編纂した律一〇巻、令一〇巻から成る。その成立は養老二年(七一八)とされるが、その編纂の実務にあたり参考とした「開元三年令《かいげん》」を唐からもちかえった大倭小東人《やまとのおあずまひと》をはじめ矢集虫麻呂《やづめのむしまろ》らの論功行賞が同六年二月に行われていることから、この前後まで降《くだ》るともいわれる。

大宝律令があるにもかかわらず、不比等が新たに養老律令を求めたのは、大宝律令の矛盾・不備の修正ということもあったが(坂本太郎「養老律令の施行に就いて」)、首皇太子即位後の公布を意識していたからだと考えられる(利光三津夫「養老律令の編纂とその政治的背景」)。内容は、大宝令の「官員令」が「職員令」に、「選任令《せんにんりょう》」が「選叙令《せんじょりょう》」などに篇目《へんもく》が改められ、字句も二〇〇か所ほど訂正されている。しかし、施行されたのは四〇年後の孫の仲麻呂が権力を掌握していた天平宝字元年(七五七)五月になってからであった。

⑹建郡建国策

不比等は律令国家充実のために積極的に国や郡を建て、そして境域の拡大を望んだ。和銅元年(七〇八)九月には越後国《えちごのくに》に出羽郡《いではぐん》を、同四年三月には上野国甘良《かみつけのくにかんら》・緑野《みどの》両郡より六郷を分離して多胡郡《たごぐん》を、同六年九月には摂津国に能勢郡《のせぐん》を、十二月には陸奥国《むつのくに》に丹取郡《にとりぐん》を、霊亀元年(七一五)七月には美濃国に席田郡《むしろたぐん》を建郡している。また和銅五年九月には陸奥国より出羽国《いではのくに》を、同六年四月には丹波国《たんばのくに》より丹後国《たんごのくに》を、備前国《びぜんのくに》より美作国《みまさかのくに》を、日向国《ひゅうがのくに》より大《おお》隅国《すみのくに》をそれぞれ分立させて建国している。そして同七年四月には、大隅諸島の多褹島司《たねのしまのつかさ》に壱岐《いき》・対馬《つしま》両島と同様に印を与えて律令統制下に組みこんでいる。

このように不比等は東北では和銅二年（七〇九）三月に陸奥・越後国の蝦夷《えみし》を制圧し、また一方で薩摩国《さつまのくに》の隼人を服従させるなどして、律令国家の境域を拡大するとともに行政区画の整備策をとった（高島正人『藤原不比等』）。

第二章　皇親政治と藤原氏

1　長屋王の皇親政治

長屋王の生年

長屋王《ながやおう》は、天武天皇《てんむてんのう》長男の高市皇子《たけちのおうじ》を父として、天智《てんじ》皇女で持統《じとう》・元明《げんめい》両女帝の姉妹である御名部皇女《みなべのおうじょ》を母として生まれた。生年については、天武天皇五年（六七六）と同十三年の二説がある。五年説の根拠は、『懐風藻』に享年が五四であったとの記述があることである。十三年説は、『続日本紀』慶雲元年（七〇四）正月癸巳《みずのとみ》条に長屋王が正四位《しょうしい》上に蔭叙《おんじょ》（蔭位による叙位）されたことがみえているが、「蔭叙は二一歳以上」との規定が「養老選叙令」授位条にみえているから、慶雲元年時に二一歳だとして逆算するのである（川崎庸之「長屋王時代」）。

両説を両親の年齢から検証すると、五年説だと、長屋王生誕時に高市は二三歳頃、御名部が一八〜一九歳頃、十三年説だと高市が三一歳、御名部は二六〜二七歳頃になる。長屋王が長男で、当時の初出子年齢が二〇歳前後がふつうであった（直木孝次郎「額田王の年齢と蒲生野遊猟」）ことを思うと、五年説が有力である（中川收「長屋王首班体制とその政治」）。

そうなると長屋王の蔭叙が二九歳となって、規定から八歳も遅れることが五年説にはネックになる。けれども、蔭叙が遅れたのにはいままで指摘されなかったが理由がある。それは長屋王が蔭叙された慶雲元年（七〇四）正月の一か月前の大宝三年（七〇三）十二月八日、「始めて皇親・五世王・五位以上の子で、年二一以上の者の名前を記録して式部省に報告せよ」との措置がとられていることでわかる（『続日本紀』大宝三年十二月甲子《きのえね》条）。これは蔭叙のためのデータ担当の式部省が求めたものである。

そこで、大宝元年（七〇一）から三年までの蔭叙実態をみてみると一人の蔭叙もない。そして、翌年の慶雲元年（七〇四）になって長屋王ら八人が一挙に蔭叙にあずかっている。つまり大宝令施行以前の飛鳥浄御原令《あすかきよみはらりょう》には蔭叙規定がなかったから（野村忠夫『律令官人制の研究』）、「大宝令」施行後も習慣で蔭叙が行われていなかったが、さすがに放置できなくなって叙位を行う正月に先立って一か月前の大宝三年十二月に急いで二一歳以上の蔭叙対象者の名簿提出を求めたものと思われる。その後、慶雲二年は四人であったものの、同三〜四年の二年間は合わせても一人であることが、この事実を裏づけている。このことを併考すれば疑問が解消されて長屋王の生年は天武天皇五年としてよい（木本「長屋王の年齢」）。

長屋王首班体制の成立

養老四年（七二〇）八月に藤原《ふじわらの》不比等《ふひと》が没したのち、政治的動揺が広がって大納言にすぎなかった長屋王では事態の収束がむずかしかった。そこで前述したように、皇族のなかで最も存在感のある二人、舎人親王《とねりしんのう》が太政官（国政の最高機関）の動揺を抑えるために知太政《ちだいじょう》官事《かんじ》として、そして異変に備えるために新田部親王《にいたべしんのう》が知五衛《ちごえ》及《および》授刀舎人事《たちはきのとねりじ》として体制維持を目的に行政に軍事に関与、サポートしてきていた。

この二人の後援をうけて、養老五年正月から右大臣長屋王が大納言多治比池守《たじひのいけもり》、中納言巨《こ》勢邑治《せのおおじ》・藤原武智麻呂《むちまろ》・大伴旅人《おおとものたびと》と、正官ではないが参議朝政の藤原房前《ふささき》らを率いる主導体制が成立したわけだが、この長屋王首班体制は舎人・新田部両親王と天武皇孫である長屋王ら皇親を中心に構成されていて、それ以外でも後述するように旅人・阿倍広庭《あべのひろにわ》や房前までもが長屋王に近い関係にあったから、長屋王を中心に「皇親政治」が展開されることになったのである。

長屋王に与《くみ》することなく政治的立場を異にしていたと思われるのは、武智麻呂と池守のみで、ここに皇親勢力と武智麻呂・池守らの氏族派との政権をめぐる争いの萌芽《ほうが》をみてとることができる。

長屋王・房前と武智麻呂

そのことを印象づける出来事が、元明太上天皇と元正天皇《げんしょうてんのう》の長屋王と房前への信頼である。養老五年（七二一）十月、元明は長屋王と房前の二人を召し、没後には大和国添上郡《やまとのくにそうのかみぐん》蔵宝山《ぞうほうやま》の雍良岑《よらのみね》（佐保山の北西）で火葬することと、葬送に際しても政治を止めることなく普段どおりに行うことを伝えている。そのなかで二人に「近く侍る官幷《あわ》せて五衛府は、務《つと》めて厳しき警《いまし》めを加へ、周衛伺候《しこう》して不虞《ふぐ》に備へよ（天皇に近侍する官人や五衛府は厳重に警戒・守護し仕えて、思いがけない出来事に備えよ）」（『続日本紀』養老五年十月丁亥《ひのとい》条）と忠告して十二月に没している。その遺骨は旅人が造営にあたった同郡椎山陵《ならやまりょう》に葬られた。

つまりこれは元明太上天皇が、自分の亡くなった後に元正天皇の存在や長屋王によってすすめられている皇親政治に不平不満をもつ政治勢力が起こすかもしれない政変に備えるようにと警告しているのである。元明のいう思いがけない出来事が、武智麻呂らの動静を指していることは間違いない。

そして、元明忠告の一〇日後、次に元正天皇は房前一人を召して、「家のなかに長く治らない病気がある時は万事が平安ではなく、突然に悪い出来事が起こるものであるから、房前は内臣《ないしん》となってこれに備え、天皇の仕事を助けよ」（『続日本紀』養老五年十月戊戌《つちのえいぬ》条）として房前を内臣に任じている。この鎌足をイメージする内臣の職掌については、多くの諸説があって一致していないが、元正に近侍して警衛を統率するものであって、政治を統轄するものではないとする理解（吉川敏子「奈良時代の内臣」）が順当であるが、いずれにしても房前によって武智麻呂らの動きを牽制・抑止しようとしたものであろう。

このことから房前は、長屋王とともに皇親政治の一角を担う存在であったことが理解でき、藤原氏中心の氏族による政治を志向する武智麻呂とは基本的なところで乖離《かいり》していて、これが長屋王の変につながることをはっきりと指摘しておきたい。

多治比三宅麻呂配流事件

このような長屋王ら皇親勢力と藤原武智麻呂らの政治抗争のその表出した出来事の一つが、藤原不比等没後の多治比三宅麻呂《みやけまろ》の配流《はいる》事件ではなかったかと思う。養老六年（七二二）正月、三宅麻呂が謀反《むへん》を誣告《ぶこく》（無実の罪を告発する）し、また穂積老《ほづみのおゆ》は天皇を非難したとして斬罪《ざんざい》のところ、首皇太子《おびとこうたいし》（のちの聖武天皇《しょうむてんのう》）の要請で罪を一等減じて、三宅麻呂は伊豆島《いずがしま》に、老は佐渡島《さどがしま》への流罪《るざい》に処せられた。

基本的には長屋王と、首皇太子を擁する武智麻呂との対立に根ざしたものだが、具体的なことは明らかではない。従来は老が長屋王に不満をもって、元正天皇の退位と首皇太子の早期即位を主張したのを三宅麻呂が誣告したとされてきたが（中川收「養老六年の多治比三宅麻呂誣告事件」）、誣告が明らかになると老は無罪となるはずであるから納得できない。老はこの時に式部大輔の要職にあったが、霊亀二年（七一六）十月から五年間以上も式部大輔・式部卿であった武智麻呂の直属の下僚であった。

一方、三宅麻呂は太政官の一員として参議に在職していた。三宅麻呂の参議補任《ぶにん》（職に任じること）のことは『続日本紀』にはみえていないが、『公卿補任』（太政官構成員の氏名・官歴を年代順に記す）養老五年（七二一）条にはみえ、この記事が信頼されることから、同四年正月の大納言阿倍宿奈麻呂《すくなまろ》の没したことによる欠員に際して補充されていたのである。当時の太政官は有力氏族一名の代表者で構成される合議制であったから、宿奈麻呂の後は当然のように同族の阿倍広庭でなければならない。長屋王を出し抜いて従兄弟《いとこ》（高島正人「奈良時代の多治比真人氏」）の三宅麻呂を参議に登用したのは大納言多治比池守と、そして武智麻呂であったと思う。

よって、この事件は太政官内での多治比一族や武智麻呂の勢力拡大を恐れた長屋王の陰謀によるものといってよいが、そこは長屋王だけでなく元正天皇の助力があってこそのことであった。三宅麻呂配流の直後に後任として広庭が順当に登用されたが、広庭の娘は長屋王の妻となっており両者は舅《しゅうと》・婿の関係でもあって、その後広庭は長屋王派に徹する。事件には元正・長屋王と、のちに長屋王謀反を武智麻呂とともに追及する池守と武智麻呂両派の勢力争いが背景にあったのである（木本「藤原武智麻呂」）。

この事件によって長屋王首班体制が強化されて、以下に述べる皇親政治として長屋王独自の政治が展開されることになるが、そこには武智麻呂の政治的挫折《ざせつ》があった。

長屋王政治の特徴

長屋王の政治は、為政者の政治が正当でない時には天地がこの不徳を問うために災異が現出するということを意識した災異的なものであったとされる。そして、この災異現出による社会的・政治的問題への有効な手段をとることができずに、理想主義的な態度をとるのみであって、その解決は官人が職務に精励することによって可能になるという官人への儒教主義的な責任にすりかえたものといわれる（川崎庸之「長屋王時代」）。

たとえば、養老六年（七二二）閏四月に行われた口分田《くぶんでん》（六歳以上に六年ごとに班給《はんきゅう》される田）不足から耕地開発を奨励して、穀物生産増大のために国司・郡司に命じて人夫一人を一〇日限度で徴発して良田を開墾させる百万町歩《ひゃくまんちょうぶ》開墾計画は、到底実現できない机上の空論で、ここに長屋王の理想主義的な政治の一例をみることができる（野村忠夫『律令政治の諸様相』）。また同年七月に災害に備えて麦などの栽培を勧めたことや神亀元年（七二四）三月に出挙《すいこ》利息を在京の朝集使、臨時の使者、調庸以外の物資運搬の運脚夫の食料に充てたこと、同三年六月に諸国の重病者に医薬や食物を支給した措置など撫育《ぶいく》・救恤《きゅうじゅつ》（大切に育て、窮乏人を救い恵む）的傾向が顕著であるが、これは租税増収を意図とする律令体制維持を目的としていた。

つまり長屋王の政治とは、律令負担の重圧で国民の窮乏化がすすみ、田地不足のうえに、東北では蝦夷《えみし》が反乱を起こして国司を殺害するような事態のなかで、それでも運脚夫の食料支給や開墾促進を行い成果をあげたとの主張もある。まとめると長屋王の政治とは、儒教による災異観がみられるが、当時の支配者層には一般的であって長屋王特有のものではなく、特色としては後述するが官人の綱紀粛正、そして国民への撫育・救恤的施策となる。これは不比等政権の政治と同じ律令制度の徹底を求めたものでもあったといえる（寺崎保広『長屋王』）。

三世一身法と蝦夷対策

そこで、以下に長屋王の主な政策を概述してみる。まず三世一身法《さんぜいっしんのほう》の施行である。前述の百万町歩開墾計画をうけて、養老七年（七二三）四月に行われた。開墾者が灌漑《かんがい》施設も整えて新しく開墾した墾田は三世代までの所有を、すでにある灌漑施設を利用して開墾した墾田は一代限りの所有を認めて国に収公しないという開墾奨励策である。ただ収公が近づくと耕作しなくなり墾田は荒廃することから、これに対処するために天平十五年（七四三）五月には橘諸兄《たちばなのもろえ》政権によって墾田の永久所有を認める墾田永年私財法《こんでんえいねんしざいほう》が施行されて、律令制度の根幹である公地公民制の崩壊につながった。

蝦夷対策だが、養老六年（七二二）八月に全国から選抜された一〇〇〇人を蝦夷に備えて陸奥国に住まわせ、同七年九月には出羽国の蝦夷に叙勲し、これ以降の東北制圧を主導する鎮守将軍《ちんじゅしょうぐん》の大野東人《おおののあずまひと》が多賀柵《たがのき》（宮城県多賀城市）を築くなど積極的に行われていた。しかし神亀元年（七二四）三月に陸奥国の海沿いの蝦夷が反乱して陸奥大掾《むつのだいじょう》佐伯児屋麻呂《さえきのこやまろ》を殺害する事態が起こった。四月には征討持節大将軍に藤原宇合《うまかい》を、副将軍に高橋安麻呂《たかはしのやすまろ》を、また五月には鎮狄将軍《ちんてきしょうぐん》に小野牛養《おののうしかい》を任じて、坂東《ばんどう》九か国から三万の兵士を徴発して征討が行われた。宇合は、遣唐副使として帰国した直後には常陸守に在職していたことがあるから、兵站《へいたん》面（軍需物の供給など）に加えて当地の事情に詳しく、郡司・豪族らの協力もえられやすかった。

この経緯ははっきりしないが、神亀元年（七二四）十一月には宇合らは平城京に帰り、翌二年閏正月には宇合以下の一六九六人に対して叙位叙勲が行われている。宇合らの征討は降雪期までの半年ほどで終わっている。

官人粛清策からみる長屋王の性格

長屋王は官人には厳しい対応をとっている。官人とは、諸司（さまざまな役所）の主典《さかん》（四等官《しとうかん》の最下位官職の総称）以上の者を指すが、広義としては下級職員の雑任《ぞうにん》をも含めての官吏をいう。

まず養老七年（七二三）八月には、文武の官人らが衣冠を規制する「衣服令《えぶくりょう》」を遵守せずに、五位以上でなければ許されていない彩りのある綾《あや》を裏地として用いたり、袴口《はかまぐち》をくくって脛《すね》や踝《くるぶし》をだすなど服装にだらしのない者が多いとして、弾正台《だんじょうだい》（風俗粛正・犯罪取り締まりの官司）と式部省に厳正な対策を命じている。また神亀三年（七二六）二月には、位階が昇進した者を太政官に召集して氏名を読み上げる儀式があるが、当日に参加できなかった者には再度召集を命じるものの、この召集に応じなかった者は叙位を取り消している。

つづいて神亀四年（七二七）二月、長屋王は勅（天皇の命令を伝える文書）を述べて「天の啓示である災いが頻繁に起こり、また止《や》む気配がない。これは道理にそむいた政治によって国民が愁《うれ》え怨《うら》んでいることで天が譴責《けんせき》しているからである」といっている。それは官人が奉公を勤めないからでもあるとして、諸司の長官に主典以上の勤務状況について勤勉な者とそうでない者とに分別して名前を報告するように指令している。三月三日になってその結果が報告され、十三日には勤勉と判定された者は賞されて禄物《ろくもつ》が下賜《かし》された。最上と判定された二位の者には絁《あしぎぬ》（粗い絹糸で平織りした織物）一〇〇疋《ぴき》、五位以上の者に四〇疋、六位以下の者に二〇疋、次上と判定された五位以上の者には二〇疋、六位以下には一〇疋が与えられたが、中等と判定された者には禄物はなく、下等と判断された者は現職を解任されている。

最上二位の該当者は長屋王で、三〜五位には区別がなくて一様であって正三位《しょうさんみ》の大伴旅人・藤原武智麻呂らは半分以下の四〇疋で、賜例に大幅な格差がある。「養老田令《でんりょう》」によると、位田《いでん》支給では正二位は六〇町で、正三位はその三分二の四〇町である。これを例にとると、自分には厚く他には薄い処遇が指摘される。

このような長屋王の方針は、位階の区別によって官人社会の秩序確立を意図とした儒教主義による政治理念にもとづくものといわれるが（中川收「長屋王首班体制とその政治」）、一方では高貴な温室育ちがつくりあげた独善的な理想派で、非現実的な儒教理念の持ち主であった。これが公卿《くぎょう》官人の離反を招き、現実的な藤原氏の前に倒れた主因であった（木本『藤原四子』）。

長屋王家の家政

一九八六年からの長屋王邸の発掘で多くの木簡《もっかん》（文字などを書き記した木の札）が出土したことによって、長屋王家の家政の運営状況が明らかになった。これは長屋王家だけではなく、奈良時代の一般的な公卿の生活実態も明らかにしたのである。

　長屋王は神亀元年（七二四）二月に聖武天皇の即位とともに正二位・左大臣に昇った。家政を担うのは家令《けりょう》、従、大・少書吏の四人を中心とする家司《けいし》だが（「養老家令職員令《けりょうしきいんりょう》」二位条）、二位として位分資人《いぶんのしにん》（位階に応じて賜る従者）八〇名、左大臣として職分《しきぶん》（役職に応じて賜る）資人二〇〇名などが与えられていて（「養老軍防令」給帳内条）、これら多くの人々も家政に関与した。

　長屋王の収入、つまり公的給付は位封《いふ》（位階に応じて賜る封戸《ふこ》）三五〇戸、職封《しきふ》（役職に応じて賜る封戸）二〇〇〇戸（「養老禄令《ろくりょう》」食封《じきふ》条など）、別勅による封戸一〇〇戸（『続日本紀』

和銅七年正月壬戌《みずのえいぬ》条）合わせて二四五〇戸の封戸と、位田六〇町（「養老田令」位田条）、職田《しきでん》三〇町（「養老田令」職分田条）が支給されていた。また養老六年（七二二）五月に稲一〇万束《そく》（籾《もみ》一万石《ごく》相当）も賜っている。

封戸は、一戸あたり正丁《せいてい》（二一〜六〇歳男子）四人分の調庸と田租の半分を徴収することができるもので（「養老賦役令」封戸条）、長屋王はとくに田租全給（『続日本紀』同前条）であったから膨大な収入であった。これらの封戸は、出土木簡から推察して近畿《きんき》の諸国をはじめ、尾張《おわり》・参河《みかわ》（三河の旧表記）の東海地方、備前・備中《びっちゅう》・周防《すおう》や阿波《あわ》・讃岐・伊予《いよ》など中国・四国地方の二九か国に所在しているが、なかでも近江・越前《えちぜん》・周防・讃岐の四か国に集中している。長屋王家では各国に税使（税司）を派遣して、現地から物資を輸送するとともに出挙経営や交易に従事させていた（奈良国立文化財研究所『平城京長屋王邸跡』本文編）。

またこれら封戸以外にも所領として、耳梨御田《みみなしのみた》（奈良県橿原市）・渋川御田《しぶかわのみた》（大阪府八尾市）・高安御田《たかやすのみた》（同前）・狛御田《こまのみた》（京都府木津川市か）や大庭御薗《おおばみその》（大阪府守口市か）・山背御薗《やましろみその》（同府河南町）などがあり、そこでも税司を設けて管理し耕作や運搬には周辺の農民を雇うこともあった。これらの所領は大和国と河内国《かわちのくに》に集中し、藤原宮周辺から河内国にむかう街道周辺に多く分布していて、平城京遷都以前からのものであることから父高市皇子から継承した所領であることがわかる（寺崎保広『長屋王』）。

長屋王家には、家令所《けりょうどころ》・奈良務所を中心にして、衣食住関係として主殿司《とのもりのつかさ》・大炊司《おおいのつかさ》・

膳司《かしわでのつかさ》・酒司《さけのつかさ》など、生産関係として鋳物所・銅造所・御鞍所・綿作所、写経・絵画関係として書法所、宗教関係として仏造司・斎会司、医薬関係として薬師処、動物関係としては馬司・犬司・鶴司など、律令官司の宮内省《くないしょう》や大蔵省《おおくらしょう》被管の官司に類似した部署がおかれ、さまざまな生活の局面に対応した構成になっていて、家政の運営や維持を基本に個人の家政機関の特徴を示している（森公章『長屋王家木簡の基礎的研究』）。

2　聖武天皇の即位

元正天皇の譲位

神亀元年（七二四）二月四日、首皇太子《おびとこうたいし》は元正天皇の譲位をうけて即位し、聖武天皇となった。元正は譲位にあたって、「文武天皇が没した時に聖武が若年であって、まだ皇位の負担に堪えられないことから元明天皇に、そして自身も皇位を受けついで天下を統治してきて、遠からず皇太子に譲位しようと思っていた。ところが前年九月に左京《さきょう》から白亀が発見されて、これは大変にめでたいことであるので神亀と改元し、これを機会に譲位することにした」といっている。四五歳の伯母《おば》から二四歳の甥への譲位であった。これをうけて聖武は、「天下を治めてきた遠い先祖からの皇位を受けつぎ、天下に恵みを与えて国民を統治したい」と宣言している。

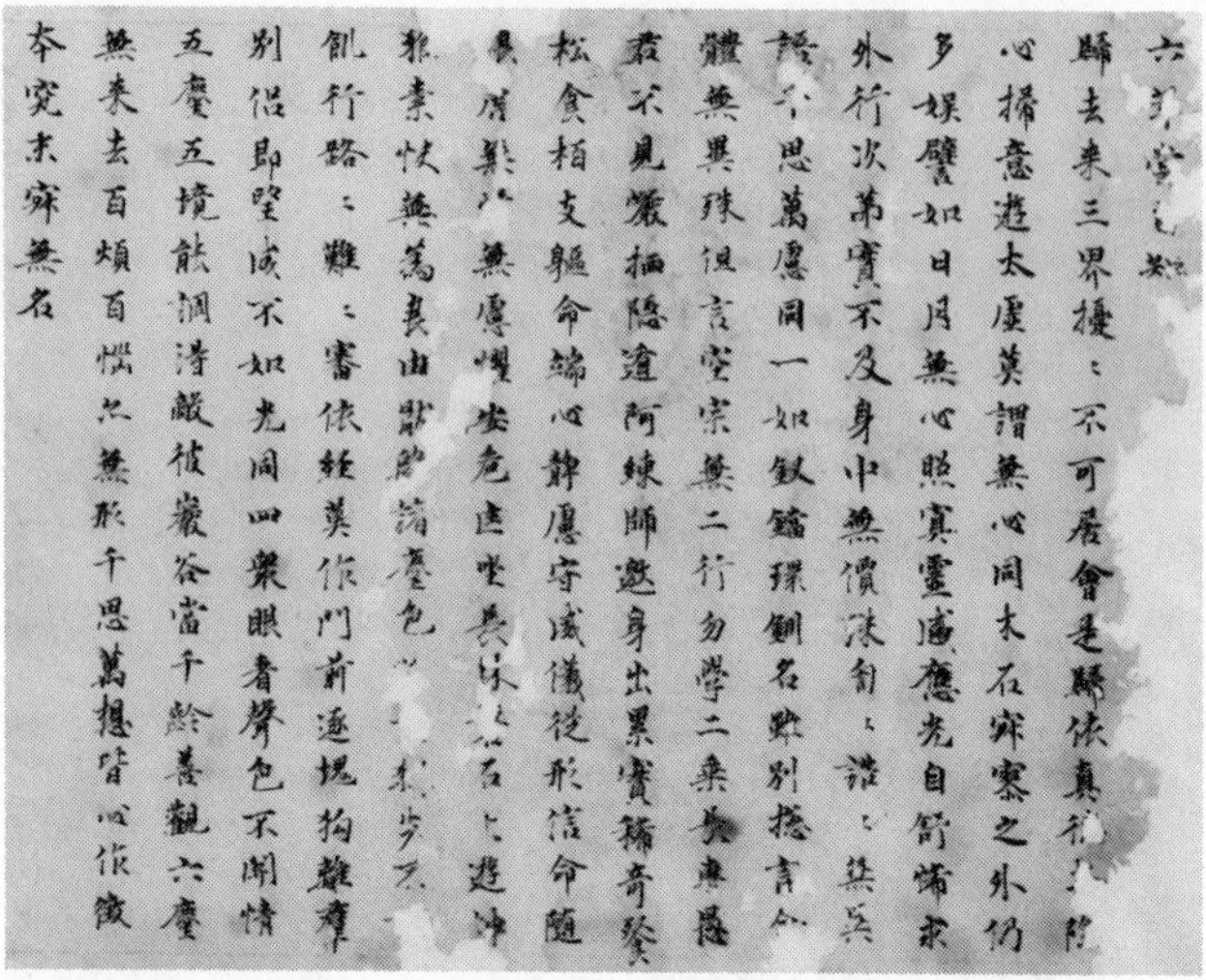

雑集（ざつしゅう）　天平３年（731），聖武天皇自筆．六朝から唐代の詩文を書写している．気品ある几帳面な書風．正倉院宝物

文武が没してより一七年、和銅七年（七一四）六月に立太子してからでも一〇年が経《た》っていた。この歳月は、皇族を母にもたないことから即位の根回しに要した時間であったともいえる（渡辺晃宏『平城京と木簡の世紀』）。

このような状況を打開するために、養老三年（七一九）六月には皇太子が初めて天皇の政治に参与するなどして、来《きた》るべき天皇として政界に認知されるようなことがはかられているが、これなどは外祖父藤原不比等の苦慮したところであろう。

聖武天皇と長屋王の乖離

この聖武の即位にあたって、政権を構成する舎人・新田部両親王や長屋王をはじめ多治比池守、大伴旅人、藤原武智麻呂・房前兄弟らに昇叙があり、前述のように長屋王を左大臣とする人事が発令されて、長屋王の主導体制がさらに強化された。これは高らかに即位を宣言して、天下統治に意欲をみせる聖武の意図とは乖離するものであった。

このことが露呈したのが、藤原宮子《みやこ》の大夫人《だいぶにん》称号事件である。聖武は即位直後に実母の宮子を夫人《ぶにん》から改めて大夫人と称するとした勅を下している。しかし、その後になって長屋王らは「公式令《くしきりょう》では天皇の母で夫人の地位にあった者は皇太夫人《こうたいぶにん》と称するとある。勅に従えば令文規定に違反することになるし、令文によれば天皇の命に背いた違勅罪になるが、どうすればよいのか。判断をお願いしたい」と奏上している。

これに対して聖武は、「文字では皇太夫人と書き、口頭では大御祖《おおみおや》と称することにして、先の勅を撤回する」との詔《みことのり》（天皇の大事な命令を伝える文書）を発している（『続日本紀』神亀元年三月辛巳《かのとみ》条）。この出来事は新天皇の聖武に対して、左大臣の長屋王が自分の存在を誇示したものであって、「綸言《りんげん》汗の如《ごと》し」との言葉があるように、天皇の言葉とは汗と同じで一度でたら元にもどせないものであるが、これを撤回させたのであるから聖武の天皇としての面目が大変傷つくものであった。通説では長屋王を中心とする皇親勢力による宮子や藤原氏に対する政治的意図をもった行為だとみられている。

他方で、結局は宮子が藤原氏の女性で初めて「皇」の文字のついた地位をえたのであるから、長屋王らの上奏はこのことを織りこんだ政治的な演出だった可能性が大きいとか（吉川真司『聖武天皇と仏都平城京』)、藤原氏が天皇とのミウチ(親類)関係を結ぶことを支配者層に周知させるものであったとの意見がある(倉本一宏「律令国家の政権構造」)。しかし、「皇太夫人」との称号をえるためと引きかえるにしては、即位したばかりの聖武の天皇としての権威失墜が政界に顕示される政治的なデメリットの方が大きすぎる。そのようなことはありえない。

この長屋王の行動の背景には、聖武よりも天皇として相応《ふさわ》しい貴種である対抗心があったことは確かであるし、また新しく即位した聖武への示威行動であったと思うが、この出来事は近い将来の「長屋王の変」を予感させるものとなった。

3　長屋王の変

藤原麻呂と長屋王謀反の密告

天平元年(七二九)二月十日、左京に住まいする漆部君足《ぬりべのきみたり》と中臣宮処東人《なかとみのみやこのあずまひと》から「長屋王私《ひそ》かに左道《さどう》を学びて国家を傾けむと欲《す》(長屋王は密《ひそ》かに妖術《ようじゅつ》を修得して、その験力《げんりき》で天皇を倒そうとしています)」(『続日本紀』天平元年二月辛未《かのとひつじ》条)との密告があった。「左道」とは、長屋王の道教的な世界観そのものを指して、道術技能ともいわれるが(新川登亀男「奈良時代の道教と仏教」)、その具体的な内容は前年九月に夭折《ようせつ》した皇太子基王《もといおう》(「某王」とする説もある）を呪殺《じゅさつ》したことであった可能性が高い。基は神亀四年（七二七）閏九月に光明子《こうみょうし》との間に誕生した待望の皇子で、十一月には皇太子に立てられたが、翌年九月に亡くなった。聖武天皇と光明の悲しみは大きく、聖武は長屋王が呪殺したとの報告を簡単に信じたのであろう。

藤原四兄弟が疫病死したのちの『続日本紀』天平十年（七三八）七月丙子《ひのえね》条に「東人は長屋王の事を誣告《ぶこく》せし人なり（東人は嘘《うそ》をついて長屋王の謀反を密告した人）」と記されているから、長屋王は無実で、漆部君足と中臣宮処東人が嘘の密告をしたことは明らかである。密告は、「養老獄令《ごくりょう》」告密条にはまずは当該の長官に告げるとの規定があることから、左京住人の東人らの告発をうけたのは左右京大夫《さうきょうだいぶ》の藤原麻呂であった。同じ「養老獄令」告言人罪条には、密告は虚言を防ぐため真偽を三回審査し、虚言であったならば斬罪に処すことになっていたので、君足と東人の密告は身の絶対的な保全の確約を麻呂からえたものであったと推考される。君足らによる長屋王謀反の密告は、麻呂が仕掛けたものであったに違いない。

また麻呂は左右京大夫として京中の警備や犯罪を取り締まる五〇〇人以上の兵士を管掌していて（『類聚三代格《るいじゅさんだいきゃく》』巻十八）、長屋王の変に際して京中の騒動に備えるという役割も負っていたものと思われる（木本『藤原四子』）。事件時に、長屋王派の上毛野宿奈麻呂《かみつけぬのすくなまろ》ら七人が逮捕のうえ流罪に処せられ、また九〇人もの官人が逮捕されている。一〇〇人近い人を同時に捕縛することは並大抵のことではないが、これなどは麻呂が京中兵士を指揮・動員したのかもしれない。

ちなみに左京三条二坊一・二・七・八坪にある長屋王邸の北側の二条二坊五坪南側から「兵部省《ひょうぶしょう》卿宅政所《きょうたくまんどころ》」と記した木簡が発掘され、この邸宅は木簡の時期に兵部卿に在職していた麻呂の邸宅であったことが確実になった（奈良国立文化財研究所『平城京長屋王邸跡』本文編）。二条大路をはさんで南北に麻呂宅と長屋王宅は隣接しており、すぐ近くで自分を陥れる計画が練られていたことを長屋王はしらなかった。

密告した中臣宮処東人は事件後に無位から外従五位下《げじゅごいのげ》に昇叙したが、なんとも因縁的なことに武智麻呂ら四兄弟が病死した翌年の天平十年（七三八）七月、かつて長屋王に仕えていた大伴子虫《おおとものこむし》と碁を打っていた時に激昂《げっこう》した子虫に斬殺されている。

藤原宇合と長屋王宅包囲

長屋王謀反の密告をうけて、朝廷ではその日の夜に式部卿の藤原宇合指揮のもとに衛門《えもんの》佐《すけ》の佐味虫麻呂《さみのむしまろ》、左衛士佐《さえじのすけ》の津島家道《つしまのいえみち》、右衛士佐の紀佐比物《きのさひもち》らが率いる六衛府《ろくえふ》（衛門府・左右衛士府・左右兵衛府の五府と中衛府《ちゅうえふ》）の兵士を動員して長屋王邸を囲んだ。なぜ衛府を直接率いるのが、長官である督《かみ》ではなく次官の佐であったのか、この時の令制五衛府の督は誰《だれ》かわからないが、伝統的に武門氏族の大伴・佐伯氏など藤原氏に協力的でない者が補される傾向にあったので、この時もそうだとするとこれを避けたのであろう。家道と佐比物は、事前の叙位で昇叙にあずかっているが、これはこの日に備えた藤原氏による懐柔であったと思われる。

動員された六衛府のなかで最も精強なのは、神亀五年（七二八）七月（『続日本紀』は八月とする）に藤原氏によって聖武天皇と皇太子基王のために創設された中衛府であった（笹山晴生「中衛府の研究」）。その長官の中衛大将は藤原房前であったから、房前が六衛府を指揮するのが妥当だと思うが、房前は聖武の側で守護の任にあたっていたので、宇合が長屋王邸包囲を指揮することになったとする見解がある（中川收「長屋王の変をめぐる諸問題」）。のちに詳述するが、房前はこの事件には参画していなかった可能性があるから、前述したように蝦夷との実戦経験があった宇合が適任とされて、この役割を果たすことになったのである。

長屋王には帯刀資人《たちはきのしにん》（武装の従者）一〇名をはじめ、二位の位分として、また左大臣の職分として合わせて二八〇名の資人が、妻の吉備内親王《きびないしんのう》には二品《にほん》としての帳内《ちょうない》（親王・内親王の従者）七〇名（女性は半減）が支給されている（「養老軍防令」給帳内条）。やはり妻で不比等の娘長娥子《ながこ》（従三位）は同居していないが（奈良国立文化財研究所『平城京長屋王邸跡』本文編）、これ以外にも多数の私的な使用人がいたから、夜分といっても長屋王邸内にはかなりの数の人たちがいた。これらの人たちが助勢を頼むために脱出するか、また邸宅包囲を聞いた長屋王派が王の奪還をはかって押し寄せたら計画は水の泡になる。

このことを念頭に長屋王邸の周囲約一キロメートルを囲むとすると、相当数の兵士の動員が必要となる。六衛府兵士の定員は二〇〇〇人ほどで、全員が動員されたかどうかはわからないが、少なくとも半数の兵士は動員されていたとみて間違いはない。多数の兵士を宿所のあった左京七条あたり（市大樹「大宝令施行直後の衛門府木簡群」）から長屋王派の官人に気づかれないで左京三条二坊の長屋王邸まで動員することができたのは、よほど綿密に計画をすすめていたからであろう。

長屋王邸を囲むということは、長屋王を邸内に押しこめ、行動の自由を奪い、外部との連絡を遮断《しゃだん》し、さらに翌日の武智麻呂らによる邸宅内での糾問《きゅうもん》を意のままにすすめ、長屋王を自死に追いこむうえで事件の結果を左右した。その点で、このことに成功したことはすでに長屋王打倒が成功したともいってよく、それだけに宇合の行動が評価されてよい。

藤原武智麻呂の糾問

天平元年（七二九）二月十一日巳時《みのとき》（午前十時頃）、舎人親王、新田部親王、大納言多治比池守、中納言藤原武智麻呂、そして右中弁小野牛養と少納言巨勢宿奈麻呂《こせのすくなまろ》が長屋王邸に派遣されて、長屋王の糾問が行われた。長屋王は無実であったから公的な場所での糾問を避けたのであろう。六衛府の兵士で包囲して外部と遮断したなかでの追及は、事実の解明や罪状の認否に目的があったわけではない。無実の罪を長屋王に認めさせる強要の場にすぎなかった。正当な手続きを経た罪状認否が行われたら無実の罪で陥れようとする陰謀が露呈する。それだけに公式な場所ではなく、長屋王の私邸に糾問の使節を派遣して決着を急がなければならなかった。

舎人親王は太政官を総括する知太政官事《ちだいじょうかんじ》、新田部親王は知五衛及授刀舎人事《ちごえおよびたちはきのとねりじ》に在任していたから行政・軍事面を代表しての参加であったし、無実の長屋王を下僚の池守や武智麻呂らでは屈服させることはむずかしいから、皇親勢力の重鎮で叔父《おじ》でもある両親王が加わっていたものと思われる。また、両親王には皇親としての長屋王・吉備内親王夫妻への不満があったとも考えられる（中村順昭「長屋王」）。

太政官メンバーでは、中納言阿倍広庭は長屋王派であるから外されて、同じ政治的立場にいた大伴旅人は、この事件をひかえて藤原氏によってあらかじめ大宰帥《だざいのそち》に任じられて遠く九州にあった（川崎庸之「長屋王時代」）。牛養は太政官内を糺《ただ》すことを職掌（「養老職員令」太政官条）とする弁官職として、宿奈麻呂も同様の理由で実務官人として派遣されていたのであろう。

よって、長屋王の追及は、舎人・新田部両親王と池守・武智麻呂らが中心となったはずである。しかし、この事件の二か月後の四月になって、舎人親王には朝庁《ちょうちょう》（朝堂院《ちょうどういん》内の政務を行う建物）に参入する時に諸司官人は下座しなくてもよいという処遇がとられている。本来、親王が朝庁に参入する時には五位以上の官人は腰掛けから立ちあがり、六位以下は跪《ひざまず》くことになっているから（「養老儀制令」庁座上条）、舎人への処遇が簡略化されたのである。これは藤原氏による措置であったから、藤原氏としては舎人をあまり信頼していなかったものとみえる。

舎人と違って、新田部は名がみえていないから「儀制令」での対応がつづけられていたと思う。新田部の母は、不比等の異母妹の五百重娘《いおえのいらつめ》であり、天武天皇没後に不比等との間に麻呂を生んでいる。新田部と麻呂とは同母兄弟であり、武智麻呂・宇合とは従兄弟であったから、舎人とは当然のようにその待遇は違った。

そうすると、長屋王を積極的に糾問しようとしたのは、新田部と多治比三宅麻呂配流事件でも述べたように武智麻呂、そして武智麻呂と歩調をあわせる池守ということになる。やはり長屋王追及の中心は武智麻呂であったということになろう。

長屋王の変時点での太政官構成は、知太政官事舎人親王、左大臣長屋王、大納言多治比池守、中納言大伴旅人・藤原武智麻呂・阿倍広庭、参議藤原房前の七人であった。九州にいた旅人を除いて、詳しくは後述するが藤原氏の一員ではあるものの房前について、著者は長屋王に近い政治的立場にあったとみており、広庭は長屋王派であったから、長屋王追及のことを太政官で一決することは覚束《おぼつか》ない状況にあった。そこで武智麻呂らは長屋王邸に向かう直前に、多治比県守《たじひのあがたもり》・石川石足《いしかわのいわたり》・大伴道足《みちたり》の三人を急いで権参議《かりのさんぎ》（参議に準じる官職）に任じている。県守は池守の実弟で、石足は武智麻呂の信頼があつかった。三人の権参議の登用は、池守・武智麻呂が長屋王排除のための太政官会議を主導するためのことからであった。

長屋王の死

天平元年（七二九）二月十二日、長屋王は自邸で自尽し、妻吉備内親王と吉備を母とするのであろう膳夫王《かしわでおう》・桑田王《くわたおう》・葛木王《かづらぎおう》・鉤取王《かぎとりおう》四兄弟も首をくくって自死した。史料的には問題はあるが、ほぼ一〇〇年後に僧景戒《けいかい》によってまとめられた仏教説話である『日本霊異《にほんりょうい》記《き》』には、長屋王は無罪で囚《とら》われ、死ぬと決まったならば他人に殺されるよりは自死するのがよいと決断して、子や孫を服毒させ絞殺したのちに、自分も服毒自害したとみえている。

事件は三日間という短期間で決着したが、糾問は最低でも三日間を必要とする（「養老獄令」大辟罪《だいびゃくざい》条）。このように急いだのは死刑を奏決できなくなる春分（「養老獄令」五位以上条）が間近であったとする説（山田英雄「奈良時代における律の適用」）がある。しかし、武智麻呂らにはそのような理由よりもなにより早く決着させたいという気持ちがあって、五位以上や皇親は自宅で自死することが許されていたから（「養老獄令」決大辟《けつだいびゃく》条）、長屋王を自邸での自死に追いこんだのである。

二月十三日、長屋王・吉備内親王夫妻は生馬山《いこまやま》（生駒山）に葬られたが、吉備には罪がないということで「喪葬令《そうそうりょう》」に定める葬礼によって丁重に葬送することが命じられている。同じ長屋王の妻長娥子とその王子女たち、安宿王《あすかべおう》・黄文王《きぶみおう》・山背王《やましろおう》と娘教勝《きょうしょう》らは不比等の娘・孫との縁から罪を問われなかったし、弟の鈴鹿王《すずかおう》や姉妹、子・孫や妾《しょう》（石川夫人や広庭娘の阿倍大刀自《あべのおおとじ》らか）らも罪を許されている。また家令や帳内・資人ら家内の人々も一時は衛府に拘束されたがのちに放免されている。

このような経緯があって長屋王の変は終息したが、他面では国司らに長屋王に与した者を除くことを厳しく命じる一方で、事件によって徴発された京内の国民には雑徭《ぞうよう》（成人に課せられた最大六〇日の労役）を免じている。このことから長屋王の変とは、政界上層部の単なる権力闘争ということに止《とど》まらずに、平城京を中心に社会的にも大きく影響した事件であったといえる。

長屋王の変の首謀者

長屋王の変について、まだ解決しなければならない問題が残っている。それはこの事件の首謀者は誰かということである。これは教科書的に「藤原氏だ」というような曖昧《あいまい》なことでは済ませられない。聖武天皇（遠山美都男『彷徨の王権 聖武天皇』）、県犬養《あがたいぬかいの》橘《たちばなの》三千代《みちよ》（角田文衞「不比等の娘たち」）、舎人親王らの皇親勢力（山縣明人「天平元年段階における政治権力構造について」）、藤原房前（野村忠夫『律令政治の諸様相』）とか、そして依然として藤原四兄弟（倉本一宏『藤原氏の研究』）だとするなど諸説がだされている。

ここでは詳しく検証しないが、聖武自身がこのような綿密な計画を主導することはできないし、舎人については前述したように事件直後に軽視する処遇をうけていて、三千代にしても娘婿房前に論功行賞をもたらすことができなかった。房前については、事件後に論功行賞にあずからず昇叙・昇任していないし、武智麻呂や宇合・麻呂らがそれぞれの性格や職掌を活《い》かして長屋王打倒計画で重要な役割を果たしているにもかかわらず、房前のみが動向を確認できない。また天平九年（七三七）四月に没するまでの八年間に昇叙・昇任が一切なかったことからして、房前も首謀者ではない。

それに比べて、武智麻呂は事件直後の三月にただ一人大納言に昇任している。これは単に長屋王の欠員を補充しただけのことだとして、武智麻呂の主導を疑問視するむきもあるが（中川收「藤原武智麻呂と藤原房前」）、それでは参議在任が一一年になる房前を武智麻呂の後任として中納言に昇任させるなどバランスのとれた補充があってもよかったのではないか。やがて武智麻呂が右大臣に昇任して政権を領導していくことを考えると、やはり長屋王打倒を主導していたのは武智麻呂と理解すべきだ。

長屋王の変の理由

それでは武智麻呂はどういう理由で長屋王打倒を主導したのだろうか。基本的には元正太上天皇の信頼をもとに皇親政治をすすめていこうとする長屋王と、武智麻呂を中心に宇合・麻呂らによる藤原氏主導体制の確立を目指す両派の権力闘争ということができるが、従前からいわれてきた直接的な理由について紹介してみる。

この時期、武智麻呂らは権力の拠《よ》りどころであった妹光明子《こうみょうし》（安宿媛《あすかべひめ》）の生んだ皇太子基王を前年神亀五年（七二八）九月に病で失っていた。武智麻呂が次善の策として考えたのが、光明子を皇后に立ててその権威に拠ることであった。ただ皇后は、皇女でなくてはならない。そこで思い出したのは、前述した長屋王が「公式令《くしきりょう》」の規定を盾にとって勅を撤回させた藤原宮子の大夫人称号事件である。光明子立后《りっこう》に先立って長屋王の反対を事前に取り去っておこうとしたものだとする見解がある（岸俊男「光明立后の史的意義」）。

その後、そうではなくて長屋王の血統は一、二位を争う順位で、聖武天皇は長屋王を対立者として強く意識していたとする皇位継承問題であって（直木孝次郎「長屋王の変について」）、「長屋親王宮」（長屋王家木簡）との呼称からもわかるように皇位を望んでいるという疑惑をもたれたことが事件の原因だとする主張がなされてきた（直木孝次郎「長屋王邸出土木簡に関する二、三の考察」）。また、聖武にとって血統のよい長屋王は劣等意識を映しだす鏡であって、基王の死によって長屋王に憎悪の念をいだき、かつ危険視したとする見方もある（河内祥輔『古代政治史における天皇制の論理』）。

長屋王の父高市皇子は天武天皇の長男で、「草壁皇子尊《くさかべのみこのみこと》」（『日本書紀』天武天皇二年二月癸未《みずのとひつじ》条など）、「日《ひ》並《なみし》皇子尊《のみこのみこと》」（『萬葉集』巻二・一一〇番歌題詞など）などと呼ばれた草壁の没後には、草壁に準じて「後《のち》の皇子尊」と称されて貴ばれた。「皇子尊」と呼ばれたのは草壁・高市の二人だけである。長屋王はこの高市の嫡子で、母は天智《てんじ》天皇《てんのう》皇女で持統天皇の妹、元明天皇の姉御名部内親王という貴種で、かつ元明の娘で文武天皇と元正天皇の妹吉備内親王を妻に迎えているから、藤原宮子を母とする聖武よりもずっと天皇としては相応しい。このことが聖武自身をはじめ聖武を推戴《すいたい》する藤原氏が長屋王を排除しなければならない理由だとの理解がある。

武智麻呂らにとって基王という外戚《がいせき》として拠るべき存在が夭折したことによって、あらためて聖武の皇位継承問題が課題となっていた。しかし、二九歳の聖武よりも二五歳も年長である長屋王が聖武の後継などということはありえない。

そこで注視されるのが、長屋王と吉備内親王との長男で二六歳の膳夫王の存在である。膳夫王は皇孫待遇で、蔭叙でも親王の子と同様に従四位下の位階に叙されていた。父方の祖母が筑前国《ちくぜんのくに》の豪族の娘である長屋王より、吉備内親王を母にもつ膳夫王は一層貴種で、父に勝《すぐ》れて皇位継承の有資格者である。聖武は病弱であったから常に皇嗣が問題になっていた（寺崎保広「光明皇后」）。それだけに武智麻呂は長屋王の打倒はもちろんのこと、聖武の後継を考えた時にまず膳夫王を抹殺する必要があると考えたに違いない（木本「長屋王と政権の実態」）。

この膳夫王に着目した著者の説は、その後に膳夫王ら吉備内親王所生の王子を標的にした長屋王一族排除の謀略だった（中川收「長屋王とその王子たち」）、吉備内親王と膳夫王らの抹殺こそ事件の本質であった（大山誠一『長屋王家木簡と奈良朝政治史』）との見解へとつづいて、長屋王は聖武の後継者として膳夫王を考えていた可能性があり、これに聖武や武智麻呂ら藤原氏が過敏に反応したとする理解（寺崎保広『長屋王』）につながり、通説化してきている。

第三章　藤原四家の分立

1　光明子立后と藤原氏

武智麻呂主導体制

天平元年（七二九）二月、武智麻呂《むちまろ》ら藤原《ふじわら》氏は長屋王《ながやおう》を打倒して政治の主導権を手中にした。三月には論功行賞の叙位が行われて、同日に武智麻呂が大納言に昇任する人事が発令された。これは武智麻呂ただ一人の昇任人事であったから、異論はあるが長屋王打倒を主導した武智麻呂の発言力が強まったことには違いない。また、前述したように知太政官事《ちだいじょうかんじ》の舎人親王《とねりしんのう》の地位を貶《おと》す措置がとられて、ここに長屋王打倒で協力した先任大納言の多治比池守《たじひのいけもり》と武智麻呂が主導する新体制が成立したということになる。

この新体制は翌天平二年（七三〇）九月に池守が病死したことから武智麻呂の主導権がより大きくなったが、与党の権参議《かりのさんぎ》多治比県守《あがたもり》、そして大伴道足《おおとものみちたり》がいるものの、大納言に昇格した大伴旅人《たびと》や中納言阿倍広庭《あべのひろにわ》らの長屋王派も残っていたから、武智麻呂の政権が成立したわけではない。「武智麻呂主導体制」と呼ぶのが適切である。

それでも口分田《くぶんでん》班給の全面的なやり直し、諸国から調で収める絁《あしぎぬ》を幅の広い広絁《ひろきあしぎぬ》から狭絁《さきあしぎぬ》に統一、山陽道諸国の駅家《うまや》（駅使の宿泊・食料供給の施設）整備、諸国から徴集した兵《ひょう》衛《え》（郡司の子弟で、郡別に一人が左右兵衛府に配属）の平城京での生活費の額を決めて出身郡の郡司に負担させるなどの新政策を打ちだすなど、徐々にその政権の特徴を示している。

天平改元

長屋王を打倒して政治権力を掌握したものの、武智麻呂らのクーデターまがいの政治行動に批判的な者も多かった。その後の政権運営のうえで、このような雰囲気の払拭《ふっしょく》が求められた。その具体的なものの一つが改元であった。

天平元年（七二九）八月五日、左右京大夫《さうきょうだいぶ》の藤原麻呂が甲羅に「天王貴平知百年」との七文字が刻まれた一五センチメートルほどの亀を献上した。聖武天皇《しょうむてんのう》は「この亀は大瑞であって、元正太上天皇《げんしょうだいじょうてんのう》の導きをうけて自分が良い政治を行ってきたことから天地の神が現されたもの」として、神亀六年（七二九）を改めて、七文字に因《ちな》んで天平元年と改元することを表明した。そして、すべての官司（役所）の主典《さかん》以上の者の位階を一階あげ、絁や麻布を広く給付するとともに、全国の八〇歳以上の高齢者などに籾《もみ》を支給するなどして祝った。

このめでたい亀は、河内国古市郡《ふるちぐん》の賀茂子虫《かものこむし》が捕らえたもので、子虫を教導して献上させたのは道栄《どうえい》という唐僧であった。道栄は養老二年（七一八）十月に帰国した遣唐使とともに来日したらしく、藤原不比等《ふひと》政権下で厚遇されていることからすると、ともに帰国した副使宇合とは懇意であった可能性が高い。またこの瑞亀を献上した麻呂は、養老元年（七一七）九月の美濃介時代に当耆郡《たぎぐん》からの醴泉《れいせん》（甘味の水）湧出《ゆうしゅつ》を契機に元正天皇を美濃行幸に誘って養老元年と改元することを演出して以来、左右京大夫としてたびたび祥瑞を献上して、このことに関与することが多かったことは前述した。

よってこの天平改元は、麻呂と宇合が中心となって工作したもので、長屋王をイメージする神亀という年号を棄《す》て、長屋王の打倒とそれによって成立した聖武のもとでの自分たちの政治体制の正当さを祥瑞でもって喧伝《けんでん》するものであったということができる（木本『藤原四子』）。

光明子の立后

このように武智麻呂らは長屋王を打倒して政権の正当性をアピールするとともに、現実的には政治力の確立を急いでいた。そのために太政官の人的構成のこともあるが、聖武天皇の信頼をさらに確かなものにすること、そして妹光明子《こうみょうし》を皇后に立てて、その権威に拠ることが考えられていた。

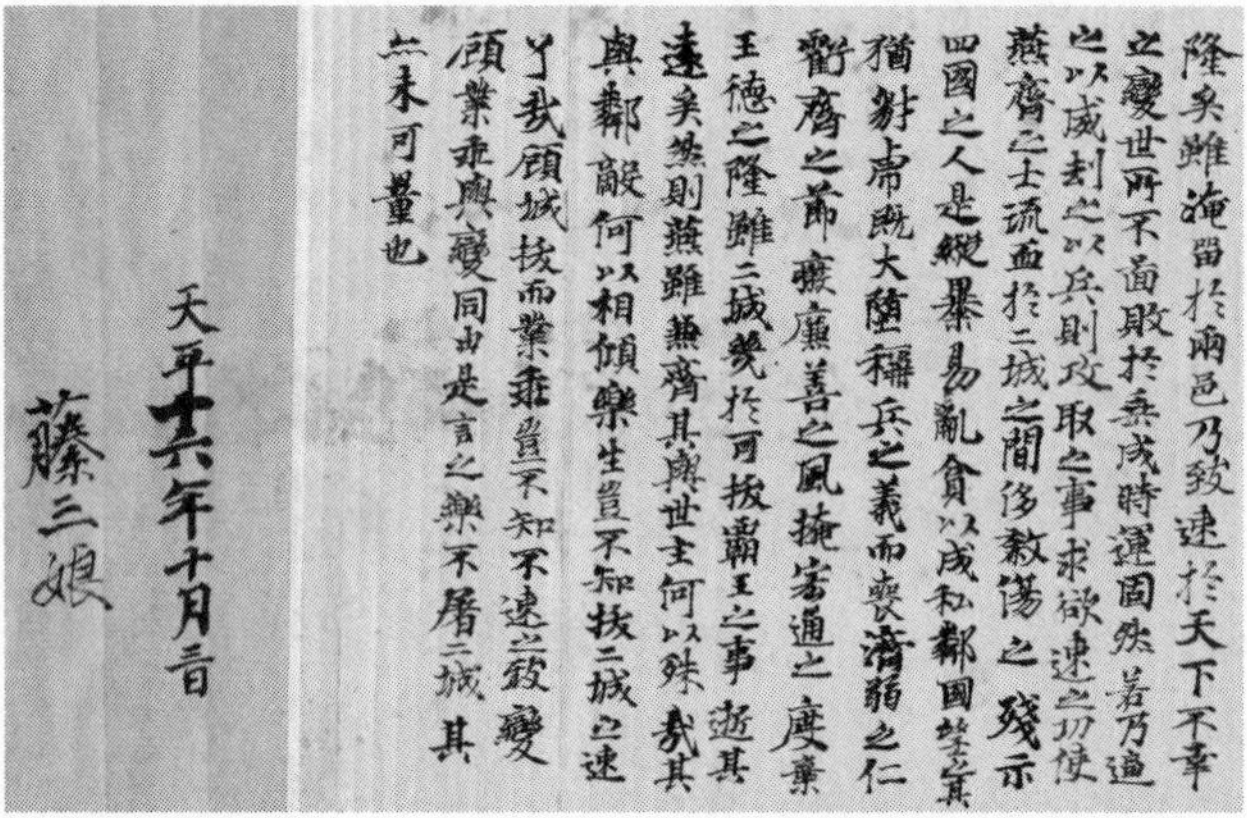

楽毅論（がっきろん）　天平16年（744），光明皇后自筆．署名は「藤三娘」．臨書とはいえ性格を表わすような力強い筆勢．正倉院宝物

天皇の妻妾には、皇女の皇后と妃《ひ》、臣下出身である夫人《ぶにん》・嬪《ひん》の四階があったが、なかでも皇后は、推古《すいこ》、皇極《こうぎょく》・斉明《さいめい》（皇極の重祚《ちょうそ》）、持統《じとう》、元明《げんめい》（皇太子妃だが準じて）各女帝の例にもあるように皇太子と相並んで皇位継承者となる資格をもつと同時に、また国政のうえでも極めて重要な地位にあった。聖武と光明子との間にできた基王《もといおう》を病で失ったのに対して、夫人県犬《あがたいぬ》養広刀自《かいのひろとじ》の生んだ安積親王《あさかしんのう》がいることから、いつ生まれるかわからない次の光明子腹の皇子誕生を待つ余裕もなかった武智麻呂らには、もう光明子自身に拠ることでしか権力を確実なものにする方策がなかった。そこで、皇后の権能に着目して政治権力を確保する一方で、聖武にもしもの事態があった際には光明の即位をも胸に描いていたのではないかとの理解もあった（岸俊男「光明立后の史的意義」）。

ただ、皇后は皇女でなくてはならないとの「大宝後宮官員令《ごくうかんいんりょう》」の規定があったから、その実現はむずかしいものがあった。そのこともあって聖武は、天平元年（七二九）八月に光明立后にあたって天皇として皇后のいないことは善くないことであって、「天下の政《まつりごと》におきて、独《ひとり》知るべき物に有らず。必ずもしりへの政有るべし。（中略）天に日月在る如《ごと》、地に山川在る如、並び坐《いま》して有るべし（国政というのは、天皇一人で行うものではなく、かならず内助の働きがあるべきであり、天に日月があり、地に山川があるように二人並んで行うものである）」（『続日本紀』天平元年八月壬午《みずのえうま》条）といい、つづけて光明子を立てるのも天皇を助け仕えてきた不比等の娘であり、また六年間も行動をみつづけてきた結果で、仁徳天皇《にんとくてんのう》皇后に有力豪族葛城《かづらぎ》氏の娘伊波乃比売命《いわのひめのみこと》（磐之媛命）という先例があると、その理由を弁解がましく述べている。

ところで聖武本人はどのような気持ちだったのだろうか。聖武自らの意図だとの見解があるが、生家の発展を思う光明子自身と兄たちの権力獲得の陰謀が色濃く反映されていることは明らかである。光明子と藤原氏の思惑が先に立ってのことであって、優柔不断な聖武が押し切られたというのが実情だったのではないか。

武智麻呂政権の成立

ひとり大納言に昇任して、知太政官事の舎人親王を抑えて、多治比池守の死欠で大納言に昇任した大伴旅人と中納言阿倍広庭を牽制しながら、権参議多治比県守・大伴道足の支援をうけ、弟の藤原宇合・麻呂の協力をえながら、光明子を皇后に立てた武智麻呂は徐々に政治領導力を増していった。

天平元年（七二九）九月には、弁官の責任者である左大弁に葛城王《かづらぎのおう》（のちの橘諸兄《たちばなのもろえ》）を、右大弁に大伴道足を任じている。これに先立つ五月には諸国の史生《ししょう》（文書に関わる下級官人）と傔仗《けんじょう》（護衛の武官）の赴任には、式部省に代えて弁官の作成する太政官符《だいじょうかんぷ》（太政官から八省・諸国に下す公文書）をもって諸国に下すように改定するなど弁官重視の政策を行い、弁官組織を管掌下におくようになった。

そして、天平三年（七三一）七月には大納言旅人が没したこともあって、その直後の八月になって知太政官事舎人親王、大納言武智麻呂、中納言広庭、参議藤原房前の四名であった太政官組織の拡充がはかられて、権参議で民部卿《みんぶきょう》の県守と右大弁の道足、式部卿宇合と兵部卿麻呂、左大弁葛城王、大蔵卿《おおくらきょう》鈴鹿王の六人が新たに参議に補任《ぶにん》された。

この人事は武智麻呂主導のもとで行われたものであろうが、特異であったのは政治を掌《つかさど》る公卿らが亡くなり、また老齢や病気で職務を全うできない者もいるとして、各自に推薦を求めたものであったことである。この前例のない人事について、鈴鹿王と葛城王という皇親が入っていることから、舎人親王を中心とした皇親勢力が再び皇親政治への道を開こうとしたものだとの見解がある。

しかし、権参議であった県守・道足と、弁官重視から葛城王の採用は当然であった。また宇合と麻呂についても、人事・軍事を掌る式部・兵部両省は八省のなかでも最も重要な官司であり、長屋王打倒での活躍を思う以前に、武智麻呂自身が政権成立にとって弟の宇合・麻呂二人の重用は望むものであった。一方、鈴鹿王についてははっきりとした理由を示せないが、兄長屋王打倒に対する懐柔であったのではないかと思う。

当時の太政官構成は、一氏族から一人という不文律があった。よって県守は池守の、道足は旅人の後任と思えばよいが、宇合・麻呂の採用で藤原氏が四人となり、ここに大化《たいか》前代の旧制を残していた太政官が令制にもとづいてまったく新しい性格のものに進化したと評言できる。これをもって武智麻呂政権の「確立」とみる主張（瀧浪貞子「武智麻呂政権の成立」）もある。しかし、大納言として太政官の動静を掌握していたとはいえ、大臣の任になければ職掌上からしても太政官の首班とはいえない。つまり議政官を領導する地位にあったとはいえない（野村忠夫『律令政治の諸様相』）から、これをもって武智麻呂政権の「確立」とするのには躊躇《ちゅうちょ》する。よって、「確立」は天平六年（七三四）正月の右大臣就任を待つことにしたい。

四家の分立と連携

藤原氏から武智麻呂を中心に房前・宇合・麻呂の四兄弟がそろって太政官にいることは、

一氏族から代表一人という原則からして、すでに四兄弟がそれぞれに一家を構えていることが認識されていたということでもある。武智麻呂と房前の邸宅が南北に所在して南家《なんけ》・北家《ほっけ》、そして宇合が長く式部卿に、麻呂が左右京大夫に在任していたことから式家《しきけ》・京家《きょうけ》と呼ばれるようになったのは、神亀年間（七二四〜七二九）から天平年間（七二九〜七四九）のはじめと考えられている（林陸朗『光明皇后』）。

しかし、四兄弟各家の呼称が同時期に呼ばれるようになったわけではない。宇合が式部卿を武智麻呂から襲任したのは養老五年（七二一）正月、麻呂が左右京大夫に任じられたのは同五年六月のことであるから、式家・京家という呼称はもうこの頃にあった可能性もある。一方、南家・北家については、南家は左京にあったことがわかっているが、それ以上のことはわからない。北家は宮城《きゅうじょう》（皇居）の北に所在した不比等の佐保山宅を伝領していたからだとの説（薗田香融「「国造豊足解」をめぐる二三の問題」）もあるが推測にすぎず、武智麻呂・房前は養老四年八月の不比等が没する前から独立して邸宅を構えていた可能性が高い。

「養老家令職員令《けりょうしきいんりょう》」には三位に昇叙すると家政機関として家司《けいし》をおいて独立することが規定されている。しかし、時代は降るが天平二十年（七四八）十月には従五位上の位階にあった藤原乙麻呂《おとまろ》の「藤原宅」責任者として「知宅事」のことがみえていて（『大日本古文書』編年文書二十四）、五位以上で宅司《たくし》を設けていたことがわかる。五位になると宅司の仕事にも従事する資人《しにん》二〇人が支給される規定であった（「養老軍防令」給帳内条）。

武智麻呂・房前兄弟が五位となった慶雲年間（七〇四〜七〇八）頃に南家・北家との呼称があった確証はないが、養老三年（七一九）には宅司をおくようになったとの説（岩橋小弥太「宅司考」）もあり、思いのほか早い時期に実質的に分立していた可能性がある。

しかし、分立したとはいえ兄弟は互いに連携しながら父不比等を助けて自分の役割を果たしてきていたが（第一章3）、これは前章でも記述したように長屋王打倒の陰謀に際しても同様であった。麻呂の邸宅跡から発掘された二条大路木簡からは、麻呂家の家政機関には武智麻呂家の職員が出向してきていてともに協力しながら運営していたことがわかっている。

2　藤原南北家の乖離

武智麻呂と房前

前節では長屋王の打倒、その後の政権運営の主導者が武智麻呂だという視点で論じてきた。このことに関しては異論もあって、主導者は房前だとする理解が長く通説であった。著者が本書で主張したいことの一つがこの問題である。

一九六八年、野村忠夫氏は、房前は①不比等が参議に武智麻呂より先に登用し、後継者として指名されていた。②元正天皇から鎌足をイメージする天皇の意思に直結する内臣《ないしん》に任じられていた。③詔勅文案を審査のうえ署名するなどの職掌を有するこれも天皇に近い中務《なかつかさ》卿《きょう》の任にあった。④親衛軍である中衛府《ちゅうえふ》の大将職（長官）にもあったという、要職を一身に占めているのは、不比等の実質的後継者であって、長兄武智麻呂は法的な後継者にすぎず、政治運営の実態は房前が中心であったとして、これを「藤四子《とうしし》体制」と呼んでいる（野村忠夫『律令政治の諸様相』）。

しかし、一九八五年になって瀧浪貞子氏が、武智麻呂は中央官を歴任しているのに対して、房前は臨時・地方官が多いことや内臣の職掌を疑問視して、武智麻呂中心の武智麻呂政権論を提示した（瀧浪貞子「武智麻呂政権の成立」）。その後は野村説を支持する説や瀧浪説に拠る叙述があって、なかなかこの件については確定しなかった。これについては著者も一九九二年になって各説を整理、新たなる論拠を示して宇合重視の武智麻呂政権論を展開した（木本「藤原四子体制と宇合」）。このことについて、もう少し概述して武智麻呂政権論を確認したい。

まず、①については第一章3で、②についても第二章1で論じたように、房前が中心であったという論拠にはならない。聖武天皇は皇太子時代より東宮傅《とうぐうふ》として身近にいた武智麻呂を信頼していた（吉川敏子「藤原武智麻呂」）。それに対して房前は聖武の即位をもって内臣を免じられている。③については、後述するように早い段階に中務卿を解任されているので、とくに聖武との政治的関係性を重視することにはならない。④房前は中衛大将には中衛府創設の神亀五年（七二八）七月から在任して軍事権限が大きかったとするが、すでに天平八年（七三六）十一月までには解任されていたし、新田部親王《にいたべしんのう》が知五衛《ちごえ》及授刀舎人事《およびたちはきのとねりじ》に任じられ、また宇合が畿内副惣管《きないふくそうかん》（七九頁に後述）として兵馬の徴発権を有していたことから、房前の軍事権限は野村氏のいうほど重要視はできない。

著者は、これらの事実をふまえて武智麻呂と房前は政治的に乖離していたことを主張してきているので、その論拠を簡潔に記してみる。まず房前が不比等の後継者であったということであるが、不比等の功封《くうふう》（功績に対して賜与される封戸《ふこ》）は武智麻呂へ、そしてその長男豊成《とよなり》に伝領されていることから、武智麻呂こそが不比等の後継者であることが確定できる。

次に、第二章3で考察したように、房前は長屋王の変ではなにも行動していない。中衛大将として兵士を率いて聖武を守護していたとする見解（中川收「続・藤原武智麻呂と藤原房前」）があるが、この事実を示す論拠がないし、第二章1で論証したように房前は長屋王とともに皇親政治を遂行していて、藤原氏による政治を志向していた武智麻呂らと乖離していたから、その陰謀には参与していなかったと思うより仕方がない。

加えて、房前は養老元年（七一七）十月に参議に就任し、没するまで参議のままで二〇年間も昇任できなかった。天平三年（七三一）八月の宇合・麻呂・多治比県守・鈴鹿王・葛城王（橘諸兄）・大伴道足ら六人がそろって参議に新たに任じられた時に、すでに参議在任一四年目で、宇合・麻呂よりも一三、一四歳も年長であったし、しかも中納言は阿倍広庭ただ一人であったから中納言に昇任してもよかった。それに翌四年二月の広庭病死の直前に、事前にその欠員を補うとばかりに参議になった直後の県守を中納言に昇任させている。これこそ房前の昇任でよかったと思うが、ここに武智麻呂と房前との乖離の現実が歴然とする。

また、天平八年（七三六）十一月にはすでに房前が中務卿から格下の民部卿に遷任していたことが官人の新旧交替の手続きを定めた「延暦交替式」から確認できるが、どうもそれは同四年頃のことではなかったかと推察され、要職である中務卿からも除かれていた。

このような房前の長屋王の変後の状況を考えると、どうも房前は長屋王に近く、武智麻呂や宇合・麻呂とは乖離していたことから長屋王の変の陰謀に加わることなく、よって武智麻呂政権下では冷遇されていたと考えるのが正当だと思う（木本「藤原房前像の再検討」）。

また武智麻呂と房前との関係は、二人の昇叙状況を検証することで明らかになる。武智麻呂は蔭《おんい》位で大宝元年（七〇一）に正六位上に、一歳年少の房前は一階低い正六位下に、ここでは長子と次子の区別がはっきりしている。しかし、慶雲二年（七〇五）にはともに同じ位階の従五位下に並んだ。さらにこの状況は和銅四年（七一一）の従五位上の昇叙までつづくが、これは武智麻呂が病気になって官人としての活動ができなかった結果である。しかし、従四位下への叙位は武智麻呂が和銅六年、房前は霊亀元年（七一五）と二年遅れ、従四位上には武智麻呂は霊亀元年、房前は養老三年（七一九）で、武智麻呂が四年早く、さらに房前が従四位上に昇った養老三年には武智麻呂は正四位下に昇叙するなど常に武智麻呂が先行している。これによって不比等が武智麻呂と房前を区別していたことがわかる。ところが不比等が没した直後の養老五年になると、武智麻呂は二階昇叙で従三位になったのに対して、房前は一挙に三階昇って従三位となり武智麻呂と並んで、このことは神亀元年（七二四）の正三位昇叙までつづく。これは不比等没後の元明太上天皇・元正天皇と長屋王による房前優遇の意向をうけたものである。しかし武智麻呂政権成立後の天平六年（七三四）には武智麻呂が従二位となっている。これを一見すればいままで記述してきた武智麻呂・房前兄弟の不比等、元明・元正・長屋王らとの関係性が明確になる。

最後に著者苦心の論拠をもう一つ示して読者の判断を仰ごう。房前は天平九年（七三七）四月十七日、麻呂は七月十三日、武智麻呂も七月の二十五日、宇合は八月五日に天然痘《てんねんとう》で亡くなる。この病気は発熱・頭痛につづいて皮膚に紅斑《こうはん》・水疱《すいほう》、膿疱《のうほう》をきたす疾患で、感染は患者からの飛沫《ひまつ》・接触のほか、患者の触れた物品からの間接伝染もある。七〜一七日間の潜伏期後に発症するが、感染してから遅くとも一か月以内には死にいたる。

そうすると、房前と麻呂・武智麻呂・宇合とは、同じ天然痘に罹患《りかん》しながらも、その感染経路が異なるようである。麻呂・武智麻呂・宇合の感染経路は同じであった可能性が高い。この三人が会う機会の頻繁さに比べて、房前とはそうでもなかったとも思われる。天然痘の罹患までもちだして、武智麻呂・宇合・麻呂三兄弟と房前の乖離を説くまでもなかったが、このようなこともあるのではないかと思った次第（木本『藤原四子』）。

武智麻呂政権の確立

前述したように天平三年（七三一）八月に要職である式部・兵部両卿を務めて武智麻呂を助ける弟宇合・麻呂を新参議に迎えたことによって武智麻呂政権は成立したと考えてよいが、なぜか右大臣への昇任は同六年正月まで待たねばならなかった。強引な長屋王の打倒と光明立后をなした藤原氏の皇親や他氏族への配慮であったが、それ以外に房前を贔屓《ひいき》していた県犬養橘《あがたいぬかいのたちばなの》三千代《みちよ》が武智麻呂の右大臣就任を牽制していたからだとの理解がある（野村忠夫『律令政治の諸様相』）。

なんといっても三千代は、不比等の妻で不比等没後の一族を束ねる存在であって（義江明子『県犬養橘三千代』）、聖武天皇にとっては病身の実母宮子《みやこ》に代わって養育してくれた母親同然の存在であった。また光明皇后の実母として政界への影響力は大きかった。三千代の先夫（敏達天皇《びだつてんのう》の後裔の美努王《みぬおう》）との娘牟漏女王《むろのおおきみ》は房前に嫁いでおり、三千代からすると房前は娘婿であって期待をかけていた。前項でも考察したように武智麻呂と房前とは相いれない関係にあったから、三千代は武智麻呂の右大臣昇任には否定的であったと思われる。その三千代が天平五年（七三三）正月に没したことによって、武智麻呂の右大臣昇格の最大の障害がなくなった。義母の喪のあけるのを待ち（「養老喪葬令」服紀条）、翌六年正月になって武智麻呂は従二位に昇叙、右大臣に昇任して武智麻呂政権はここに「確立」したのである。

皇親政治の終焉と橘諸兄

天平七年（七三五）九月になって新田部親王が、つづいて十一月に舎人親王が没した。この皇親勢力の象徴であった両親王が没したことは皇親政治が終焉《しゅうえん》を迎えたことを物語っている。このような政治的状況を反映して、将来のことを思って皇親から離脱して賜姓をはかったのが葛城王であった。また武智麻呂政権の増加した諸王を皇親から切り離して新氏族を創出して、政府の権力基盤を強化しようとした政治方針に呼応したものとの説もある（中村順昭『橘諸兄』）。

天平八年（七三六）十一月、葛城王は弟佐為王《さいおう》とともに母県犬養橘三千代が和銅元年（七〇八）十一月に元明天皇より、天武・持統・文武朝、そして当代まで仕えてきた忠誠を賞され、「橘は人々が好み、枝葉は寒暑に堪えて繁茂し、その光沢は珠玉・金銀にも劣らず美しい」として賜った橘姓の賜姓を許されて、以降は橘諸兄と名のるようになる。ここに後世に「源平藤橘《げんぺいとうきつ》」といわれる四大氏の一つ、橘氏が誕生した。

ただ、弟佐為王が橘佐為と称したように王名を用いる場合が多いにもかかわらずに、葛城王はなぜか橘葛城とせずに諸兄と名のった。この「諸兄」は、『詩経《しきょう》』（中国最初の詩集）を参考にしているらしいが（新川登亀男「橘諸兄」）、光明皇后の異父兄、そして光明の夫聖武天皇の義兄を意識しての命名であった。この時に諸兄長男の奈良麻呂《ならまろ》は、「奥山の　真木《まき》の葉しのぎ　降る雪の　ふりは増すとも　地《つち》に落ちめやも（奥山の真木の葉を押しのけて降る雪のようにふり行くことはあっても、橘が地に落ちるようなことがあるでしょうか）」（『萬葉集』巻六・一〇一〇番歌）と詠んでいる。この歌に橘氏の誇りと、その繁栄を信じて疑わない心情をよみとることができるが、この歌に違《たが》うことなく諸兄は藤原四兄弟の没後には政治を領導して聖武を支えていくことになる。

3　疫病流行と政権の瓦解

武智麻呂政権の内政

武智麻呂政権の内政について概述すると、皇親政治からの脱却、太政官権限の強化、官司組織の官僚的要素の強化、国司による地方支配の進展などの特徴があるが（吉田孝「律令国家の諸段階」）、これは武智麻呂政権が律令国家の確立に大きな役割を果したということでもある。それでは以下に、個別に取りあげて簡単に説明する。

(1)施薬院・悲田院の設置

天平二年（七三〇）四月、皇后宮職《こうごうぐうしき》内に初めて病人に施薬・治療する施薬院《せやくいん》、貧窮者などを救済する施設の悲田院《ひでんいん》がおかれたが、これに先行して養老年間（七一七～七二四）には興《こう》福寺《ふくじ》（藤原氏の氏寺）に唐代の則天武后《そくてんぶこう》の長安《ちょうあん》年間（七〇一～七〇五）に設けられた悲田養《ひでんよう》病坊《びょうぼう》の影響をうけて同様のものが設けられていた。

『続日本紀』光明太皇太后《たいこうたいごう》崩伝（天平宝字四年六月乙丑《きのとうし》条）には、「悲田施薬両院を設けて、以て天下の飢ゑ病める徒《ともがら》を療し養《いや》す（悲田・施薬両院を設置して、天下の飢えと病で苦しむ人々を治療し養った）」とみえて、光明皇后の意向によって本格的に始められ、薬草の購入などの経費には光明が父不比等から伝領した封戸を充てている。また付属の薬園司とともにその運営は皇后宮職の官人らが兼務していたが、そのことは皇后宮職関連の遺物も出土する二条大路遺跡から「薬院」と書かれた墨書土器がみつかっていることからもわかる（勝浦令子「七・八世紀の仏教社会救済活動」）。

(2)畿内総管と鎮撫使創設

天平三年（七三一）十一月、いまだ長屋王の事件による影響も残っていたうえに地方政治の紊乱《びんらん》など、政府の不安定要因の解決のために創設されたのが、畿内惣管・鎮撫使《ちんぶし》であった（畿内とは大和・山背《やましろ》（山城の旧表記）・河内・摂津の四か国で、のち河内から和泉《いずみ》が分立）。大惣管には新田部親王、副惣管に藤原宇合、山陽道鎮撫使に多治比県守、山陰道鎮撫使に藤原麻呂、南海道鎮撫使には大伴道足が任じられた。惣管・鎮撫使は、帯剣して勅命を待ち、兵馬を動員して、政治の是非を論じる者、邪枉《じゃおう》（不正行為と無実の罪に陥れること）な者や盗賊を処断する。また国司や郡司らの善悪を巡察して天皇に報告することなどを職掌としていた。これは京中や諸国での盗賊の横行などに対応したものとの理解（林陸朗「巡察使の研究」）があるが、武智麻呂の権力確立にむけての反対派政治勢力に対処したものでもあった。

(3)節度使の設置

天平四年（七三二）八月に、鎮撫使をさらに軍事性格化して軍団（徴兵による兵団で、一〇〇〇人以上の大団のほか中団・小団があった）の点検を目的とした節度使《せつどし》が設置された。東海・東山二道節度使に藤原房前、山陰道節度使に多治比県守、西海道《さいかいどう》（九州地方）節度使に藤原宇合が任じられている。これは唐制の節度使にならったもので、遣唐使であった県守と宇合の進言によるものである。具体的な職掌としては、軍団兵士の訓練、野営装備の補塡《ほてん》、兵器の製造修理、大型船の建造、兵糧《ひょうろう》の備蓄などで、東海・東山二道節度使は陸奥・出羽の蝦夷《えみし》反乱に、山陰道節度使および西海道節度使は新羅《しらぎ》来攻（八三～八四頁に後述）に備えたものであった。

(4)班田司

天平元年（七二九）は六年に一度の口分田の班給年にあたっていた。班田は持統天皇六年（六九二）から六年ごとにあったが、今回は根本的にやり直す方針のもとに畿内に班田司を新設した。王臣（天皇の臣下）所有の土地はあらためて班田をしない、国司の養老七年（七二三）以降（三世一身法以降）に獲得した土地はすべて収公して、国民に班給するなど施行細則を決めている。班田は国司が行うのが原則であったが、これ以降の畿内の班田には中央から長官・判官《じょう》（四等官のうちの第三等官）や算師《さんし》（民部省で計数を担当）などの班田司（班田使）が派遣されるようになった。

(5)勧学政策

学問の奨励などの勧学政策を積極的にとっているのも武智麻呂政権の一つの特徴である。天平二年（七三〇）二月には、二月と八月の上丁《じょうてい》（月初めの丁《ひのと》の日）の日に孔子《こうし》を祀《まつ》る儀式である釈奠《せきてん》を挙行し、大学寮《だいがくりょう》の博士《はかせ》・学生《がくしょう》らを勉励している。翌三月には、困窮で学業が成就できない学生のなかから優秀な者に夏冬の服と食料を支給する優遇策がとられた。また明経《みょうぎょう》（儒学）、算《さん》（数学）、明法《みょうぼう》（法律）、文章《もんじょう》（中国の詩文・歴史）各道を学ぶ学生や教官も増員される奨励策もとられて大学寮での教育体制が飛躍的に充実したが、これは大学《だいがくの》助《すけ》・大学頭を歴任した武智麻呂の主導によるものであろう。

(6)官司の補完・修正

官司（役所）の新置や改廃、官員の増減は、藤原不比等政権・長屋王政権を経ても、なお残された課題として武智麻呂政権が解決しなければならない問題であった。天平元年（七二九）八月には諸陵司《しょりょうし》（天皇・皇族の陵墓の管理などを掌った役所）を諸陵寮に昇格させ、員数を増員し処遇を改善している。同三年十二月にも、武官経験者で有官（位階を有する）だが、任官していない武散位《ぶさんい》が散位寮《さんいりょう》（有官だが職務の無い者を管理する）に出仕する定員を二〇〇名と定めるなど官司の改革に取り組んでいる。また、同三年七月には百済楽《くだらがく》、高麗楽《こまがく》、新羅《しらぎ》楽《がく》などの楽生《がくしょう》はその国の出身者から採用することにし、その員数を決めるなど雅楽寮《ががくりょう》の楽と儛《まい》についても新たに定めている。

(7)官僚制度の改善

律令制度下にあっては、官司の補完・修正だけで律令政治が支障なしに運営できるとは限らない。そこには律令官僚の運営実態が重視される。天平二年（七三〇）六月には太政官官僚の勤務日数である上日《じょうじつ》を月ごとに左右大臣に報告することを義務づけ、同三年十一月には下級武官の考《こう》（勤務評定）・選《せん》（叙位評定）や解任権は先例では式部省が管掌してきていたが、実態にそくして兵部省に移管させている。また同五年四月には、国司交替にあたっては前任国司が後任を待たずに帰京したり、事務引き継ぎが済んでも証明書の解由状《げゆじょう》を渡さないことがあって、解由状のない官人は新職に就任できないことが多かったことから、かならず元職は解由状を後任に与えたうえで太政官に報告させることにしている。

武智麻呂政権の外交

武智麻呂政権時代の外交は、唐は中国東北部に興った渤海《ぼっかい》と、日本は新羅と険悪な関係にあったので、唐は新羅と、渤海は日本と協調、互いに対抗する関係が形成されるようになっていたから、これに対処する政治目的があった。

(1)唐と遣唐使

唐との外交は、霊亀二年（七一六）より絶えていた一六年ぶりの天平四年（七三二）八月の大使に多治比広成《たじひのひろなり》を命じた遣唐使派遣がある。これは直接的には唐との関係が悪化していなかったことや新羅を牽制する意味から派遣したもので、遣唐使任命直後に造客館司《ぞうきゃっかんし》（外交使節接待の客館造営担当）を新設したのは送遣唐使を迎えることを考慮してのことであろう。

広成ら五九〇人の遣唐使は四船に分乗して、天平五年（七三三）四月に難波津《なにわのつ》（大阪府大阪市）から出航して八月に蘇州《そしゅう》に到着、同六年四月に玄宗《げんそう》に献上を済ませて、十月には蘇州を発ったが、暴風雨にあって離散する。第一船は十一月に多褹島《たねのしま》（種子島《たねがしま》・屋久島《やくしま》周辺の島）に漂着した。この第一船で帰国を果たしたなかに入唐留学生《にっとうるがくしょう》の下道真備《しもつみちのまきび》（吉備真備《きびのまきび》）がいた。真備は、唐の典礼書である『唐礼《とうらい》』、新しい暦の『大衍暦《だいえんれき》』などの貴重書や楽器・武具をもたらして聖武天皇に献上している。第二船の副使中臣名代《なかとみのなしろ》は唐にもどり、同八年になってのちに大仏の開眼《かいげん》役を務めたインド僧菩提僊那《ぼだいせんな》や波斯人《はしじん》（ペルシャ人）などをともなってやっと帰国を果たした。第三船の判官平群広成《へぐりのひろなり》は崑崙国《こんろんこく》（メコン川下流の国）に流れ着き、渤海使にともなわれて同十一年七月に出羽国に帰着している。

(2)新羅と遣新羅使

新羅とは緊張関係にあったから、節度使を創設して国内の軍事体制を整備する一方で、唐との外交関係をすすめて新羅を牽制した。天平四年（七三二）正月に遣新羅使角家主《つののやかぬし》が派遣されたが、これと前後して新羅使の金長孫《こんちょうそん》が来日した。これは新羅が渤海と敵対関係にあり日本と渤海に挟撃される脅威から日本への対応改善を印象づけることの政治的な目的があったと思われるが、一方では貿易という経済的な関心もあった。つづいて同六年十二月になって新羅貢調使《しらぎこうちょうし》の金相貞《こんそうじょう》らが来日、同七年二月に入京した。ところが朝貢国の新羅が国名を王城国と勝手に改称したとする無礼を責めてただちに追放している。

天平八年（七三六）二月になって遣新羅使が任命されたが、大使阿倍継麻呂《あべのつぎまろ》が対馬で病死するトラブルもあった。同九年正月に大判官壬生宇太麻呂《みぶのうだまろ》が無事に入京するが、新羅の常礼を欠いた対応のあったことの報告があって、朝廷内では征伐すべきだとの強硬意見がでるなど日羅関係は修復できなかった。

(3)渤海と遣渤海使

新羅との緊張関係の影響もあって、日本と渤海は友好な関係にあった。渤海は、唐・新羅と交戦したこともあって日本に親交を求めるようになる。神亀四年（七二七）十二月に渤海使の高斉徳《こうせいとく》らが来日し、同五年正月に入京のうえ渤海王の国書を聖武天皇に上呈している。この国書は上長《じょうちょう》（めうえ）に奉る書式になっていたが、内容は同格に対するものであった（石井正敏『日本渤海関係史の研究』）。聖武は、引田虫麻呂《ひけたのむしまろ》を送渤海客使として斉徳らを送った。

その後、渤海使はほぼ一〇年間隔で来日して友好的であって、藤原仲麻呂の新羅征討計画が現実化した天平宝字年間（七五七〜七六五）には三回と頻繁であった。

版図拡大と藤原麻呂の東北経略

武智麻呂政権は、藤原不比等政権の政策を踏襲していることが多いが、版図《はんと》（領土）拡大もその一つである（高島正人「藤原不比等の内政策の特質」）。つまり隼人《はやと》と蝦夷の制圧である。天平元年（七二九）六〜七月にかけて薩摩・大隅国の隼人らに朝貢させ、郡司らに位階を授け、隼人の皇民化をすすめ、同七年七〜八月にも同様の措置をとっている。

蝦夷の制圧としては、天平二年（七三〇）正月に田夷村《たいむら》を中心に新たに建郡（郡名は不明）し、同五年十二月には出羽柵《いではのき》（山形県酒田市）を秋田村高清水岡《あきたむらたかしみずのおか》（秋田県秋田市）に移して、秋田県羽後町足田《うごまちたらだ》遺跡（新野直吉『古代東北の兵乱』）、または横手市造山《よこてしつくりやま》遺跡周辺（鈴木拓也「払田柵と雄勝城に関する試論」）ともされる雄勝村《おがちむら》に雄勝郡を建て、同八年四月には陸奥・出羽両国の郡司らに位階を与えて、大野東人《おおののあずまひと》を中心に東北経略を本格化させた。

それが天平九年（七三七）正月に藤原麻呂を持節大使に任じた討伐で、陸奥国府であった多賀柵《たがのき》（宮城県多賀城市）から出羽柵への直路を通じるためのものであった。麻呂は雪解けを待って迅速に征夷態勢を整え、東人は陸奥国色麻柵《しかまのき》（同県加美町）から奥羽山脈を横断して出羽国大室駅《おおむろのうまや》（山形県尾花沢市）までの新道を開削、さらに四月になると六五〇〇人を超える東人軍はいまの山形・秋田県境の比羅保許山《ひらほこやま》（神室山《かむろさん》か）まで進軍・駐屯した。しかし、役内川《やくないがわ》・雄物川《おものがわ》の渡河や例年に倍する大雪のために兵糧・秣《まぐさ》の調達がままならないことに加えて、農事の時期になって徴発した兵士を解放する必要もあるとの東人の進言をいれて、麻呂は聖武の裁可をえて比羅保許山から先のことは後人に託することにして帰京している。

疫病流行と藤原四兄弟の病死

天平七年（七三五）夏から冬にかけて舎人親王や新田部親王、聖武天皇の外祖母賀茂比売《かものひめ》（藤原宮子の母）をはじめ多数の死者をだした天然痘は一時終息していたが、同九年春になって再流行した。この流行は同九年正月に帰国した遣新羅使がもちこんだといわれているが、どうも新羅からの伝染ではなく、もとをたどれば第一〇次遣唐使の第二船であったらしい。『続日本紀』天平九年是年《このとし》条には、「是の年の春、疫瘡《えきそう》大きに発《おこ》る。初め筑紫《つくし》より来《きた》りて夏を経て秋に渉《わた》る。公卿以下天下の百姓《はくせい》相継ぎて没死《し》ぬること、勝《あ》げて計《かぞ》ふべからず。近き代《よ》り以来《このかた》、これ有らず（この年の春、瘡《かさ》のできる疫病が大流行した。初め九州より伝染し、夏を経て秋までにわたって流行し、公卿以下国民まで相次いで亡くなり、死者数は数えることができないほどで、最近まで無かったことだ）」とみえている。全国一律ではないが、地域によっては三割前後が亡くなったようで、王臣でも藤原四兄弟以外に多くの者が亡くなった。

前述のように、この天然痘にいち早く感染したのは房前で天平九年（七三七）四月十七日に亡くなり、そして七月になって十三日に麻呂が倒れ、つづいて武智麻呂にも伝染した。聖武天皇は、武智麻呂の平復を祈って大赦を行っている。二十四日になって光明皇后が武智麻呂を見舞ったことがみえる（「武智麻呂伝」）。不比等を継いで長兄として生家の発展を担い、自分を皇后としてのいまの地位につけるなど尽力してくれたことを思ってのことであろう

（木本『藤原四子』）。翌日に没した武智麻呂に対して、聖武は喪葬にあたって中臣名代を派遣し、死後三日間は服喪し、政務を執らなかった。

そして、八月五日になって宇合が没し、六月には多治比県守もすでに没していたから、太政官八人のうち、五人が一挙に死亡し、それも経験豊富な上席者が没したのであり、ここに武智麻呂政権は瓦解《がかい》したのであった。

第四章　相次ぐ遷都と大仏造立

1　橘諸兄政権と律令制の弛緩

橘諸兄政権の成立

天平九年（七三七）四月から八月までの五か月たらずの間に、太政官を構成する八人のうち上席の五人が疫病で一挙に亡くなって、残ったのは参議の鈴鹿王《すずかおう》・橘 諸兄《たちばなのもろえ》・大伴道足《おおとものみちたり》の三人だけになった。なかでも中枢にあった藤原《ふじわら》四兄弟がそろって亡くなったことは太政官の存立にとっても、また聖 武天皇《しょうむてんのう》にとっても大きな打撃となった。太政官構成員が三人だけになって員数が乏しくなったことはもちろんであるが、この三人がいずれも参議であって太政官領導の経験がなかったことから、国政の混乱停滞は避けられなかった。

まずは八月中に、六月に亡くなった多治比県守《たじひのあがたもり》の後任として実弟の多治比広成《ひろなり》を参議に補充した。そして翌九月になると、鈴鹿王を知太政官事《ちだいじょうかんじ》に、新採されたばかりの広成を中納言に昇任させ、また中納言を超任して参議諸兄をいきなり大納言に抜擢《ばってき》する人事異動が行われて太政官の補強がはかられた。ここに知太政官事鈴鹿王、大納言諸兄、中納言広成、参議道足の四人体制が成立した。注目するのは鈴鹿王が知太政官事に任じられていることであるが、知太政官事は総括するものの領導職ではないから、まずは大納言の諸兄を首班とする太政官がスタートすることになった。

この政権のスタートとともに広範にわたる叙位が行われた。多くは白壁王《しらかべおう》・道祖王《ふなどおう》・安宿王《あすかべおう》の皇親をはじめ五位・六位官人らであって、疫病死した者に代わる人材を早急に補充して、王臣らが一致して国難を克服しようとしたものであった。なかでも注視されるのは、南家の乙麻呂《おとまろ》（武智麻呂《むちまろ》の四男）、北家の永手《ながて》（房前《ふささき》の二男。長男は夭折）、式家の広嗣《ひろつぐ》（宇合《うまかい》の長男）がとくに三階昇叙して従五位下に叙せられていることである。嫡流南家の長兄豊成《とよなり》は従四位下、次兄仲麻呂《なかまろ》は従五位下であったが、北・式両家には五位官人がいなかった。この処遇には武智麻呂ら四兄弟を失って没落していた生家の復活を願う光明皇后《こうみょうこうごう》の意図がはたらいていた。天平九年（七三七）十二月になって豊成が参議に登用されたのも光明の同様の意図からでたものであろう。

かならずしも安定したともいえない太政官ではあったが、十二月には大倭国《やまとのくに》（大和国の旧表記）を大養徳国《やまとのくに》へと表記を変えるなど、徐々に諸兄の独自性が政治に反映されるようになる。そして、この日には聖武が生まれてから三七年間も病気であった藤原宮子《みやこ》が僧玄昉《げんぼう》の看病によって快復して、やっと聖武・宮子母子の対面が叶った。これは宮子の身近に仕えていた吉備真備《きびのまきび》の配慮で、この出来事がきっかけとなって玄昉と真備は聖武から信頼をえることになった。

広嗣の諸兄への反発

天平十年（七三八）正月になると、橘諸兄は右大臣に昇進して実質的に太政官の首班となった。政治力を整えていく諸兄に対して、四兄弟没後の復活を望む藤原氏を中心に反発が広がった。なかでも式家の広嗣は直情径行的な性格もあって、その言動は過激で、諸兄にとっても対決は避けられない状況になった。そして、広嗣の現状政治への不満を推測させるのが、広嗣が「親族を讒乱《ざんらん》（誹謗《ひぼう》）した」（『続日本紀』天平十二年九月癸丑《みずのとうし》条）ことであった。

広嗣が、謗《そし》って関係が悪化していた親族とは具体的に誰を指しているのだろうか。広嗣は阿倍内親王《あべないしんのう》立太子に反対であったので、これをすすめた皇太夫人《こうたいぶにん》藤原宮子と阿倍の母である光明皇后の姉妹のことであった（大友裕二「「広嗣の乱」に関する一考察」）とか、玄昉や真備を信任する聖武天皇の責任を追及するものだとする見解がある（遠山美都男『彷徨の王権　聖武天皇』）。また南家の豊成であって、藤原氏の代表ですでに参議であったにもかかわらず、聖武の専制的な人事を抑えられない無能さに立腹しての暴言だとする理解もある（松尾光「藤原広嗣の乱と聖武天皇」）。

たしかに広嗣にとって宮子と光明は伯叔母で、宮子の息子である聖武や豊成は従兄弟になるから親族には違いない。しかし、当時の政治状況を考慮すれば広嗣の糾弾は政権担当者の諸兄にむけられていたと考えるのが妥当なのではないだろうか。この時、吉備真備と玄昉の追放を迫って反乱を起こしたことを思えば、この両人を重用していた諸兄が広嗣からの追及の対象であったとするのが当然である。

ただ、広嗣にとって諸兄が親族となるかである。親族とは、「職制律《しきせいりつ》」には五等親以内と定められている。諸兄の母県犬養橘《あがたいぬかいのたちばなの》三千代《みちよ》が祖父不比等の継室（後妻）であるから「儀制令」の「妻妾の前夫の子は四等とする」との規定からすると、広嗣と諸兄は六等親となって親族ではない。ただ広嗣の叔母《おば》の多比能《たびの》は諸兄に嫁いでいて、広嗣にとって諸兄は義叔父となる。そして、また「職制律」には三等親の婚姻の家は親族とする規定がある。

つまり広嗣にとって三等親である多比能の夫である諸兄は親族となるから、誹謗した親族とは諸兄であっても問題はない（木本『藤原四子』）。著者は広嗣が誹謗した親族とは諸兄のことだと思う。この「親族を讒乱した」という文言は、『続日本紀』が九州で広嗣が反乱を起こした時に聖武が大宰府管内の九州諸国の官人や国民に下した勅文を直接引用したものであるから、聖武は広嗣から「諸兄が誹謗された」という事実をあからさまにすることを避ける一方で、広嗣が親族をも誹謗するような悪者とのことを印象づけようとしたものだとわかる。

阿倍内親王の立太子

聖武天皇は神亀元年（七二四）二月に即位した後、同四年閏九月に当時の夫人《ぶにん》藤原光明子との間に待望の皇子（基王《もといおう》）が誕生、三〇日余で皇太子に立てたが、皇太子は一年後に没した。その皇嗣をめぐって武智麻呂を中心に藤原氏が長屋王《ながやおう》一族を排除するために「長屋王の変」を企んだことは既述した。よって、この頃にも聖武の皇嗣が課題となっていたが、まずは光明子に次の男子誕生をと期待していたものの、それだけでは心もとない。天平三年（七三一）前後になって、藤原氏や県犬養橘三千代らが武智麻呂・房前の娘（名前は不明）、橘諸兄の弟佐為《さい》の娘　橘《たちばなの》古那可智《こなかち》らの入内《じゅだい》を策した（木本「橘佐為の娘たち」）。

このように武智麻呂らは聖武の皇嗣問題を解消することで、政権の安定を目指していたが、天平九年（七三七）の疫病による病死で武智麻呂を中心とする政権は瓦解した。この事態を衝撃的に受けとめた一人が光明皇后であった。後楯《うしろだて》となる政治勢力を一挙に失ったのであるから当然のことであって、その地位を自分で守る必要が生じたのである。そして、夫人県犬養広刀自《ひろとじ》を母とする安積親王《あさかしんのう》が一〇歳に成長してきていたことも光明が焦燥《しょうそう》を感じる理由の一つであった。

この二つの心配事を解決するために光明がとった方策が、娘の阿倍内親王の皇太子擁立であった。すでに天平七年（七三五）頃から光明らによって阿倍を女性皇太子とする態勢が模索されてきており（勝浦令子『孝謙・称徳天皇』）、将来の即位を確約された皇太子の母后《ぼこう》としての地位を保障し、兼ねて安積の擁立を期待する勢力を牽制する目的であった。そして、この時に阿倍が王臣の蔭叙《おんじょ》される年齢二一歳であったことも都合がよかった。

天平十年（七三八）正月、阿倍は皇太子に立てられた。同日に大納言の諸兄が右大臣に昇格した。しかし、例をみない内親王の立太子には、安積に期待する元正太上天皇《げんしょうだいじょうてんのう》や橘奈良《なら》麻呂《まろ》・大伴家持《やかもち》ら旧氏族の反対もあった。諸兄は安積への肩入れをひかえて、無難な選択をして異父妹の光明皇后と連携して阿倍を支えた（中村順昭『橘諸兄』）。

広嗣の九州左遷

右大臣となった橘諸兄と藤原広嗣一派との対立は徐々に過激になっていった。諸兄には早急に政権を安定させるための方策が求められた。そのためには広嗣一派を壊滅させることが必要であった。

天平十年（七三八）十二月、右中弁高橋安麻呂《たかはしのやすまろ》を大宰大弐《だざいのだいに》（大宰府の次官）、大養徳守《やまとのかみ》兼式部少輔《しょうふ》であった広嗣を大宰少弐《しょうに》（大宰府のナンバー3）に遷任する人事が行われた。広嗣については、前述したように親族を讒乱したことで、聖武天皇が遠くに遷《うつ》して改心させるためであったと『続日本紀』（天平十二年九月癸丑《みずのとうし》条）には記されているが、そのことが本当の理由であったとは思えない。

二人の九州への遷任は、新羅との外交と西海道の統治を付託されたものとの考えもある（森公章「藤原広嗣の乱と遣唐留学者の行方」）。だが、安麻呂は広嗣の父宇合が神亀元年（七二四）四月に持節大将軍となって征夷のために多賀柵に出征した時に副将軍に任じられて以来の宇合の側近であって、この大弐の人事以降は史料に姿を現さないので広嗣の乱に関わって没したとも推測できる。安麻呂と広嗣の大宰府への遷任は、やはり政権運営に障害となる反対派の象徴である広嗣と安麻呂を合わせて九州に追放する政治的な措置であったと考えられる。

石上乙麻呂と久米若売の不倫騒動

橘諸兄が安麻呂と広嗣の九州左遷につづいてとった企みは、石上乙麻呂《いそのかみのおとまろ》の追放であった。天平十一年（七三九）三月、乙麻呂が久米若売《くめのわくめ》という女性を犯したということで土佐国《とさのくに》に、若売も下総国に流罪となった事件が起こっている。この事件に際して詠まれた歌が『萬葉集』に収められている（巻六・一〇一九～一〇二二番歌）。いまでいう不倫事件だが、乙麻呂の姉妹である国守《くにもり》は、藤原宇合の正室で広嗣・宿奈麻呂《すくなまろ》（のち良継《よしつぐ》と改名）兄弟を生んでいたから（木本「石上国盛と石上国守」）、国守を訪ねて宇合邸に出入りしていた乙麻呂がやはり宇合の妻妾の一人で雄田麻呂《おだまろ》（のち百川《ももかわ》と改名）を生んでいた若売と親しくなったのであろう。この二人の息子たち、百川と乙麻呂の息子宅嗣《やかつぐ》がやがて協力して光仁《こうにん》・桓武《かんむ》天皇擁立に活躍することになるのは興味深い。

この二人の処分は、「雑律《ぞうりつ》」の規定などを勘案すると、懲役刑である徒《ず》一年かせいぜい二年の罪である。それにもかかわらず徒三年を超えた流罪でも近流《こんる》（都から近い越前・安藝《あき》への流罪）や中流《ちゅうる》（伊予など）よりも重い絞首刑一歩手前の土佐・下総両国への遠流《おんる》（他に伊《い》豆《ず》・常陸・佐渡《さど》・隠岐《おき》など）に処せられているのは不思議なことである。また「獄令《ごくりょう》」や「名例律《みょうれいりつ》」などには帯びる位階を罪と引き換えて減刑・換刑する制度の官当法があったが、これが適用されなかったのは、どう考えてもこの処分は超法規的な措置で、そこには政治的な陰謀のあったことが推察される。

その政治的な陰謀とは、この事件直後の四月末の新参議補充の人事に関わっていると思う。先にあげたように太政官は五人であって、反対派の策動もあってまだ不安定な現況にあった。そこで新たなメンバーを補充して太政官を急いで強化する必要に迫られていたのである。参議の登用は従四位下以上の位階にある者が対象となるが、従四位上の大野東人《おおののあずまひと》は問題ないとしても、従四位下には巨勢奈弖麻呂《こせのなでまろ》・大伴牛養《うしかい》・県犬養石次《いわすき》らをはじめ石上乙麻呂・高橋安麻呂・中臣名代《なかとみのなしろ》・小野牛養《おののうしかい》ら候補者が多くいた。なかでも乙麻呂は物部《もののべ》氏の後裔氏族の石上氏出身で、左大臣でもあった石上麻呂の息子でかつ左大弁という太政官の一員となっても不思議ではない要職にあり、家柄から職歴からいっても最有力であった。

しかし、乙麻呂は広嗣の叔父（伯父《おじ》とも）であって反対派の中心人物であった。乙麻呂を参議に採用すると、諸兄の太政官運営にとって妨げになることは必定《ひつじょう》である。諸兄にとっては絶対に避けなければならない人物であった。乙麻呂を不倫という徒罪ですむ軽微な罪で無理やりに遠流という大罪に陥れたのは、このような政治事情を抱えていた諸兄であったに違いない。結局は天平十一年（七三九）四月に東人・奈弖麻呂・大伴牛養・石次の四人が新参議として太政官メンバーに加わった。

諸兄は、反対派の乙麻呂を参議候補から除外するとともに、その一方で母県犬養橘三千代を介して同族として、また天平四年（七三二）九月頃の左大弁在職中から下僚の右少弁として職場でも相識の間柄にあった県犬養石次を、参議登用の直前にとくに二階昇叙させて参議資格の従四位下にあげ、参議に登用して太政官運営の協力者としたのであった。

2　藤原広嗣の乱

災異の頻発と広嗣の乱

天平十二年（七四〇）八月、広嗣は大宰府から聖武天皇に「時政の得失を指《しめ》し、天地の災異を陳《の》ぶ。因《よっ》て僧正《そうじょう》玄昉法師《ほっし》、右衛士督《うえじのかみ》従五位上下道朝臣《しもつみちのあそん》真備を除くを以て言とす（時の政治の利得と損失を指摘し、天変地変が起こるのは政治が悪いからであって、その要因である僧の玄昉と吉備真備を追放するように）」（『続日本紀』天平十二年八月癸未《みずのとひつじ》条）との上表（意見書）を提出した。同九年夏から秋にかけて九州から流行した疫病は広がりをみせて三人から四人に一人が病死する地方もあって、都でも藤原四兄弟をはじめ諸兄の弟佐為ら多数の公卿官人が亡くなっていた。同九年五月からの疫病や日照りによって田の苗がやける災害が甚だしかった。また七月には大倭・伊豆・若狭《わかさ》や伊賀《いが》・駿河《するが》・長門《ながと》で飢え病んでいる者に賑給《しんごう》（救済米を支給する）しているのをみても疫病や飢餓は全国的であったことがわかる。

ことに九州地方ではすでに天平七年（七三五）夏から冬にかけて疫病が大流行し、また穀物も実らずに飢病死する者が多かったから、現地にあった広嗣はこの災異をより深刻に感じており、それだけに天人相関説からこれも政治のあり方が悪いのが原因だと思ったに違いない。広嗣の身辺にもしきりに不平不満の声が聞こえていたと思われる（北山茂夫「七四〇年の藤原広嗣の叛乱」）。広嗣の上表は大宰府管内の実情を考慮して、その是正を求めたものであったが、これは政権への非難、ひいては天皇への批判と受けとめられた（松川博一「藤原広嗣の乱」）。ただ、災異と玄昉・真備とは直接には関係がないから、その本意は藤原氏復権のために聖武・光明の信頼のもとに諸兄の側近としている玄昉と真備が邪魔であったということであろう。

このような社会的苦境のなかで、聖武は神祇《じんぎ》を祀り大般若経《だいはんにゃきょう》を読経させるなどしているが、もちろん疫病の猛威を止めることはできなかった。天平九年（七三七）六月には、病状の経過を示して治療に専念すること、腹・腰を温めること、鮮魚・肉を食せずに葱《ねぎ》・韮《にら》を煮て食するなどの対処法を布告するのが（『類聚符宣抄《るいじゅふせんしょう》』第三）精一杯であった。

広嗣の乱の経緯

広嗣の乱については、信頼できる史料は『続日本紀』しかないが、『続日本紀』の記述は編纂時に大将軍大野東人の異なる日付の報告を併せて記述していることなどから時間経過が錯綜《さくそう》している（坂本太郎「藤原広嗣の乱とその史料」）。この点を検討して時系列に整理した研究（栄原永遠男「藤原広嗣の乱の展開過程」）に拠って広嗣の乱の経緯を簡潔に記してみよう。

天平十二年（七四〇）八月下旬、広嗣は兵力を三軍に編成して大宰府から「鎮所」（板櫃《いたひつの》鎮《ちん》か。軍団兵士の駐屯地）を目指して北上進撃した。広嗣挙兵の報告は九月三日になって聖武天皇のもとに届いたことから、聖武は大将軍に大野東人、副将軍に紀飯麻呂《きのいいまろ》を任じるなどして、東海・東山・山陰・山陽・南海各道から一万七〇〇〇人の兵士の徴発を命じた。

九月四日になると、政府は隼人《はやと》二四人を広嗣率いる隼人軍説得のために先行派遣し、五日には勅使として佐伯常人《さえきのつねひと》と阿倍虫麻呂《あべのむしまろ》を派遣した。一方、広嗣は自らが大隅・薩摩・筑前・豊後《ぶんご》四か国の兵士五〇〇〇人を率いて大宰府から鞍手道《くらてじ》（福岡県直方市付近）を経て進軍、弟の綱手《つなて》は筑後《ちくご》・肥前両国の兵士五〇〇〇人ばかりを率いて豊後国より、多胡古麻呂《たごのこまろ》は田河道《たがわじ》（同県田川市）より北上する計画であった。広嗣はその途中の遠珂郡家《おかのぐんけ》（同県遠賀郡・中間市）を前進基地として軍営を設け筑前国内の兵士を徴集、二十日すぎには目的地の鎮所に到着した。また綱手率いる軍も到着合流して防備を固めたが、古麻呂軍は合流できなかったらしい。

やがて大野東人ら朝廷軍は関門海峡を渡って、豊前国《ぶぜんのくに》北端の企救《きく》半島に上陸、九月二十〜二十一日頃には京都郡《みやこぐん》の鎮所や企救郡の板櫃・登美《とみ》二鎮を陥落させ、鎮所にいた兵士一七六七人を捕虜にしている。そして京都など三鎮占領の結果をうけて、豊前国京都・仲津《なかつ》両郡の郡司である楉田勢麻呂《しもとたのせまろ》や膳東人《かしわでのあずまひと》らが手兵を率いて朝廷軍に来帰して、事態は広嗣側にとって不利に展開するが、さらに朝廷側では広嗣を非難する勅符（天皇の命令を国司に下す文書）を九州諸国の官人百姓らにも数千条撒《ま》き散らして広嗣からの離反を呼びかけた。

それでも広嗣は、十月五〜六日頃には一万人の騎歩兵を率いて板櫃河《いたひつがわ》の西岸に進出して渡河作戦を敢行しようとして、佐伯常人ら率いる六〇〇〇人と東西両岸で対峙《たいじ》することになった。反乱の理由について常人から問われた広嗣は、朝廷の命令に背くわけではなく、朝廷を乱す玄昉・真備の追放を要求しているだけと答えたが、それでは勅符を渡すために来ただけなのに兵士を率いてきたのはなぜなのかなどと論破されたことをきっかけにして、広嗣軍からは投降者があいついで敗走することになった。

その後の一〇日以上の戦況は詳細ではないが、追いつめられた広嗣は肥前国松浦郡《まつらぐん》値嘉島《ちかのしま》（五島列島《ごとうれっとう》の福江島《ふくえじま》）から船で耽羅島《たんらのしま》（韓国済州島《さいしゅうとう》）まで逃亡したが、荒天で上陸できずに風向きが変わって吹きもどされて、十月二十三日に値嘉島で阿倍黒麻呂《あべのくろまろ》によって捕らえられた。

広嗣逮捕の報告は、十一月三日に伊勢《いせ》行幸中で同国壱志《いちし》郡河口頓宮《かわぐちのかりみや》（三重県津市）に滞在中の聖武に伝えられた。聖武はただちに法による処断を命じたが、これを待たずに大野東人はすでに十一月一日に広嗣・綱手兄弟を処刑していた。『続日本紀』には、死罪は二六人、没官《もっかん》（資財の没収）五人、流罪四七人、徒罪《ずざい》三二人、杖罪《じょうざい》（棒で打つ刑）一七七人と記されているが、広嗣軍は総勢一万人を超えていたから到底このような数ではなかった。主だった者の数だけであろう。

このような経緯があって奈良時代最大の争乱であった広嗣の乱はどうにか鎮圧されたが、うちつづく自然災害と疫病の流行による社会的苦難のなかで起こったこの身内からの反乱は、聖武や朝廷にとっては大きな衝撃となった。

広嗣の兵力動員力

広嗣軍は合わせて一万人以上であったが、どうしてこれだけの兵士を速やかに徴集することができたのであろうか。広嗣軍の中心は軍団兵士や郡司率いる私兵（異説もある）だったが、九州地方は行政的に独立性が強く、郡司を含めて在地豪族層が大宰府と近い関係にあったから徴発が加算され（八木充「藤原広嗣の叛乱」）、都から遠く離れた地にある「遠《とお》の朝廷《みかど》」として大宰大弐・少弐に大きな権限が与えられていたこともあった。また亡父宇合が大宰帥《だざいのそち》（大宰府の長官）として在任中に築いた在地との関係が広嗣の徴兵に影響していると思われるが、ただそれだけで一万人以上の兵士を動員できるはずがない。

九州では新羅との関係悪化からその来攻に備えて大宰府の指揮で速やかに戦闘に対応するシステムが整備されていて、広嗣はこれに拠ったのであった。この独自の軍事制度の整備は、広嗣の父宇合が天平四年（七三二）八月に西海道節度使に任じられた時に作成した「警固《けいご》式《しき》」に依拠してなされていた。要害の博多津《はかたのつ》や壱岐・対馬両島などに不慮に備えて一〇〇隻《せき》以上の船をおくこと（『続日本紀』天平宝字三年三月庚寅《かのえとら》条）、賊船来着の時には、国司は長官以下集議して警戒策をとり天皇に奏上すること、周辺の百姓は私糧を持参して要所で戦い救援を待つこと、標榜《ひょうぼう》（立て札）を立てて軍兵の集合地を明示し、兵士百姓のうち弓馬に巧みな者で隊を編制すること、国司以上は私馬を用い不足した時には駅伝馬《えきでんま》を充当すること、閑所には米を備え要所には糒《ほしい》（飯を乾燥した保存食）を給することなどが決められていたらしい（『続日本紀』宝亀《ほうき》十一年七月戊子《つちのえね》条）。

広嗣の乱は、宇合が没してからまだ三年、宇合の「警固式」による軍団鎮営での軍制整備によって大宰府からの直接的な組織統制だけでなく、人的構成の面でも宇合の影響が軍団や郡司豪族内にあって、広嗣が宇合の長子であっただけに大きな反乱となったのであった（木本「藤原広嗣の乱について」）。

3　彷徨する宮都

聖武東国行幸の理由

藤原広嗣反乱の最中、天平十二年（七四〇）十月二十九日になって聖武天皇は伊勢国への行幸に発っている。これが五年間にわたる彷徨《ほうこう》の日々の始まりとなったのである。聖武は、いったいどのような理由で伊勢への行幸を思いたったのだろうか。

この行幸の主因が、広嗣の反乱を避けることにあって急遽《きゅうきょ》思い立ったものとの見解が従来からある。『萬葉集』巻六・一〇二九番歌の題詞（前がき）には、「広嗣の謀反《むへん》によって発軍して伊勢国に行幸した時に大伴家持の作る歌」とある（北啓太「聖武天皇」）。聖武が行幸に先立つ十月二十六日に九州にいる大将軍の大野東人らに「思うところがあって東国に行幸するが、驚いたり怪しんだりすることのないように」と伝えているが、東人が大将軍に任じられたのが九月三日であるから少なくともこの時には行幸計画は公表されてはいなかった。これ以降、造伊勢国行宮司《ぞういせこくあんぐうし》を任じる十月十九日までに決まったものであるように思われる。また伊賀郡《いがぐん》安保頓宮《あほのかりみや》（三重県伊賀市）では大雨が降って道がぬかるんで人馬が疲れたというが、それでも止まることなく移動し、翌十一月三日に広嗣捕獲の報告をうけた伊勢国壱志郡河口頓宮では一〇日間も滞在して悠長に狩猟などしている。この後に行幸随行の騎兵四〇〇人を平城京に帰らせているなどのことを併せ考えると、広嗣の乱の影響は否定できない。伊勢神宮への広嗣調伏《ちょうぶく》（法力により敵を降参させること）が目的であったとも考えられる（栄原永遠男『聖武天皇と紫香楽宮』）。

しかし、二〇〇二年に滋賀県大津市膳所《ぜぜ》で八世紀中頃の本格的な大型建物が発掘され、これが十二月十一日に宿泊した近江国志賀郡《しがぐん》禾津行宮《あわづのあんぐう》の建物跡に比定されたことが契機となって、東国行幸が計画的なものであったとされるようになった。そのことから、このたびの行幸は聖武が自分を壬申の乱における大海人皇子《おおあまのおうじ》（天武天皇《てんむてんのう》）になぞらえて、その足跡をたどり、広嗣の乱による社会的政治的不安を払拭して、天武皇統の天皇としてのカリスマ性をあらためて認識させようとしたとの理解がある（渡辺晃宏『平城京と木簡の世紀』）。行幸理由が広嗣の乱によって平静を失ったものか、壬申の乱を追体験するためのものであったのかは別にして、いずれにしてもその発端は広嗣の乱にあったことは動かない（佐藤長門「藤原広嗣」）。

恭仁京造営

聖武天皇は平城京を発ってその日には山辺郡《やまのべぐん》竹谿村《つげむら》堀越《ほりこし》（奈良県奈良市）に泊り、十月三十日には伊賀国名張郡《なばりぐん》（三重県名張市）、十一月一日に伊賀郡安保頓宮を経て、十一月二日には伊勢国壱志郡河口頓宮にいたった。ここで前述のように広嗣捕獲の報告をうけてしばらく滞在したが、さらに伊勢湾を右にみて北上して、十四日には鈴鹿郡赤坂頓宮《すずかぐんあかさかのかりみや》（三重県亀山市。鈴鹿市とも）に、二十一日には随行の橘諸兄や娘婿の塩焼王《しおやきおう》（のちの氷上塩焼《ひがみのしおやき》）、藤原仲麻呂ら文武官に叙位を行っている。

さらに朝明郡《あさけぐん》（同県四日市市近辺）を経て桑名郡石占《くわなぐんいしうら》（同県桑名市）、そして内陸へ北西に進んで美濃国に入り当伎郡《たぎぐん》（岐阜県大垣市近辺）へ、不破郡不破頓宮《ふわぐんふわのかりみや》（同県垂井町）から近江国坂田郡横川《さかたぐんよかわ》（滋賀県米原市）、横川からは琵琶湖《びわこ》の東を南下して犬上郡《いぬかみぐん》、蒲生郡《がもうぐん》、野洲郡《やすぐん》、志賀郡禾津から山背国相楽郡玉井《さがらかぐんたまい》（京都府井手町）へと行幸をつづけて、ついに十二月十五日に諸兄を先行のうえ整備させていた相楽郡恭仁宮《くにのみや》（京都府木津川市）にいたり、この地を都と定めてここに都城の造営を命じた。

恭仁の地は、聖武にとっては天平八年（七三六）三月、そして同十一年三月にも行幸した甕原《みかのはら》離宮（木津川市）に位置した馴染《なじ》みのところである。また、諸兄が「井手《いで》左大臣」と呼ばれるように、相楽別業《さがらかべつぎょう》（別荘）を構え、氏寺として井手寺《いでじ》を建立した井手の地に隣接しているから、この遷都には諸兄の意思が大きく影響している。

天平十三年（七四一）閏三月には、平城宮の兵器を甕原離宮に運ばせ、五位以上の公卿官人らの平城京での在住が禁止されて、恭仁京への強制移住が命じられた。九月には造宮卿に智努王《ちぬおう》（天武皇孫。のち文室珎努《ふんやのちぬ》、文室浄三《じょうさん》と改名）と巨勢奈弖麻呂《こせのなでまろ》が任じられて本格的に造営が始まり、大養徳《やまと》・河内・摂津・山背四か国から五五〇〇人を工事に徴用、大極殿《だいごくでん》（重要儀式を行った建物）などは平城宮から移築するなどして造営が急がれた。そして、十一月には「大養徳《やまと》恭仁大宮《くにのおおみや》」と名づけられた。現在の京都府木津川市加茂町《かもちょう》にある山背国国分寺《こくぶんじ》金堂跡が大極殿跡とされていて、その北に内裏の東西地区、南に朝堂院《ちょうどういん》（大内裏の正庁で大極殿を含む）があったとされる。宮城地区の南に広がる京域は、東西七キロメートル余、南北四キロメートルと復元され（岩井照芳「恭仁京の復元」）、中央の賀世山《かせやま》（鹿背山）西を通る道の以東を左京、以西を右京《うきょう》としていた（『続日本紀』天平十三年九月己未《つちのとひつじ》条）。

聖武と元正太上天皇の乖離

しかし、天平十五年（七四三）末頃になって恭仁宮の造営は停止され、その間にも聖武天皇は頻繁に紫香楽《しがらき》離宮（滋賀県甲賀市）に行幸などしていたが、同十六年閏正月になって恭仁京か難波京《なにわきょう》のどちらを都とするかを官人に問うた。恭仁京を是とする者一八一人、難波京とする者が一五三人、また藤原仲麻呂らを遣わして市場で民意を尋ねたところほとんどは恭仁京を希望したというが、なぜかその直後に難波宮に行幸した。二月には恭仁宮の高御座《たかみくら》（天皇の玉座）などが移されている。

難波京は、現在の大阪市中央区馬場町《ばんばちょう》・法円坂《ほうえんざか》一帯に所在した宮都で、大化元年（六四五）十二月に孝徳天皇《こうとくてんのう》・中大兄皇子《なかのおおえのおうじ》（天智天皇《てんじてんのう》）が遷都して以来、天武天皇も整備したが大半の建物は失火で焼亡したらしい。持統《じとう》・文武《もんむ》・元正《げんしょう》各天皇も行幸したが、聖武が神亀三年（七二六）十月に藤原宇合を知造難波宮事《ちぞうなにわぐうじ》に任じて再建させ、天平四年（七三二）頃にはほぼ造営を終えたが、その後も石川枚夫《いしかわのひらふ》を造難波宮長官に命じて維持管理にあたらせている。

しかし、その間にも聖武は何度も紫香楽宮に行幸を繰りかえした。天平十六年（七四四）二月の行幸時などは、滞在は同十七年五月まで一年以上におよんだが、元正太上天皇と左大臣橘諸兄は難波に留《とど》まり、同十六年二月に元正の命で諸兄が「難波宮を皇都とする」と宣言している。天皇が紫香楽宮に移って留守であるのに難波を皇都とするのは不可思議なことである。

直木孝次郎氏は、ここには聖武を間にして、元正・諸兄の勢力と、光明皇后・藤原仲麻呂の勢力が対立する背景があって、諸兄勢力が聖武を奉じて恭仁から難波に赴いたのに対して、仲麻呂が巻きかえして聖武を紫香楽に誘引したので、これに不満であった元正が難波を皇都とする勅を発して諸兄に宣言させたとして、聖武と元正とは一時的に疎遠な関係にあったと推察している（「天平十六年の難波遷都をめぐって」）。首肯《しゅこう》すべき理解だと思う。すでに天平十六年（七四四）の早い段階から光明皇后の藤原氏復権の思いを託されて台頭する仲麻呂と、これに対抗して元正の信頼をうける諸兄との権力闘争は始まっていたことになるが、そこには現代でもみられる聖武をはさんで、一人息子の成長を見守ってきたという疑似的な母親である元正と嫁の光明との解決しがたい嫁姑《よめしゅうとめ》問題も背景にあったのではなかろうか。

諸兄政権の諸政策と律令制の弛緩

橘諸兄が政治を領導した政権時代は、藤原四兄弟の急死をうけて右大臣となった天平十年（七三八）から同二十年頃までで、諸兄を後援していた元正太上天皇が没して、阿倍皇太子が即位したことが分水嶺となって藤原仲麻呂の政治力が凌《しの》ぐようになっていく。

(1)私出挙・防人などの廃止

ところで、この間の諸兄政権の諸政策にはどのようなものがあるのだろうか。まず民政だが、天平九年（七三七）九月には私出挙《しすいこ》を禁止している。私出挙は国司・郡司や豪族には富をもたらすものの、一方で国民を貧窮に追いこむ制度であったことからの対処策であったが、これは不比等の施策に先鞭《せんべん》があって諸兄政権の独自策ではなかった。また同じ月には防人《さきもり》（北九州で外敵防衛にあたる東国出身の兵士）を停止、同十一年五月には一部の国を除いて軍団の兵士も停止しているが、これは律令制度の軍制をゆるがすものとなった。また同十三～十五年には安房国を上総国に、能登国《のとのくに》を越中国に、佐渡国を越後国に併合、藤原不比等以来の建国拡大策が撤回され、同十五年五月には国司の新舎建設を禁止するなど振粛的な地方施策が行われた。

(2)墾田永年私財法の施行

諸兄政権の特徴ある政策といえば、墾田永年私財法の施行と国分寺・国分尼寺《こくぶんにじ》の建立であろう。まず天平十五年（七四三）五月実施の墾田永年私財法だが、これは長屋王による養老七年（七二三）四月施行の三世一身法の規定から墾田の三世私有の期間をすぎれば収公されることで、その墾田が荒田となって台無しになることの解決案として、親王や一位の者への五〇〇町から、位階に比例して郡司の一〇町まで面積を決めて開墾を認めた墾田開発奨励策で、墾田耕作を維持して税収の増加をはかるということに目的があった。

つまり位階に比例して土地所有を制限することで国家の土地支配を強化し、地方豪族の墾田までも国家が掌握する一面もあって、「現実対応的な新しい支配方式」と評価する見方もある（中村順昭『橘諸兄』）。しかし、有力貴族・豪族や寺社は規制を無視し、国家統制を免れて開墾を行い荘園《しょうえん》が拡大、結局は公地公民制を基本とする口分田《くぶんでん》から田租を徴収するという律令国家の制度自体が崩壊する原因となった。

(3)国分寺・国分尼寺の建立

また国分寺・国分尼寺であるが、これは光明皇后の意見をいれて唐の則天武后が載初《さいしょ》元年（六九〇）十月に天下諸州においた大雲寺《だいうんじ》にならったもので、天平十三年（七四一）三月に建立の詔《みことのり》が発せられた。その詔のなかで、聖武天皇は自らが不徳なこともあって穀物の実りも少なく疫病が流行しているが、以前に全国に仏像を造らせ、大般若経を写経させたところ収穫も順調になったことがあったとして、この事実をうけて災いを福に転じるために、諸国で金光明最勝王経《こんこうみょうさいしょうおうきょう》と妙法蓮華経《みょうほうれんげきょう》を写経し、新たに造営する七重塔に安置するようにと願っている。

そして、僧寺を「金光明四天王護国之寺《こんこうみょうしてんのうごこくのてら》」と称し、僧二〇人を住まわせ封戸《ふこ》五〇戸、水田一〇町を、尼寺を「法華滅罪之寺《ほっけめつざいのてら》」として尼一〇人、水田一〇町を施入《せにゅう》（仏に物品を捧《ささ》げること）するなどとした国分寺・国分尼寺の建立を命じたのである（『続日本紀』天平十三年三月乙巳《きのとみ》条）。しかし、写経と七重の造塔はすでに前年六月に命じられているから、疫病や飢饉《ききん》、広嗣の乱による社会不安によって遅れていたものをあらためて厳命したものであった。

(4)外交政策

最後に外交であるが、天平十年（七三八）正月に新羅使の金想純《こんそうじゅん》ら一四七人が、同十四年二月には金欽英《こんこんよう》ら一八七人が、同十五年三月には金序貞《こんじょちょう》らが来日したが、同九年の遣新羅使への新羅の常例を欠いた対応があったことや恭仁京が造営途中であったことを理由にいずれも入京を認めず大宰府から放還している。我が国からは同十二年三月に紀必登《きのひと》を遣新羅大使として派遣しているが、新羅との関係は改善されることはなかった。

一方、渤海《ぼっかい》との関係だが天平十一年（七三九）七月、同五年四月に進発したものの帰国できずに唐国にもどって阿倍仲麻呂《あべのなかまろ》の仲介をえてやっと帰国の途についた遣唐使判官平群広成《へぐりのひろなり》を送って渤海使己珎蒙《きちんもう》らが出羽国に来着している。珎蒙らは十二月に拝朝、同十二年四月に答礼として遣渤海大使大伴犬養《おおとものいぬかい》が派遣されるなどしているが、疫病や遷都による国内政策を優先して対外関係についてはあまり重視せずに低調であった。

このように諸兄の諸政策をみてみると、疫病によって三人から四人に一人ほどが死亡するという未曽有の出来事があり、さらに広嗣の乱の影響をうけた国民への負担軽減と国家の動揺の立て直しに終始していて、為政者として現実対応に迫られた政策を行わざるをえないことも多かった。その現実対応策が諸兄の政治基調であったが、諸兄は墾田永年私財法のようにその施策が律令制度自体の崩壊につながるとは思っていなかったのではないかと思う。

実情がみえない天皇

このような諸兄政権による諸政策を検証すると、聖武天皇がどのような気持ちでこのようなことを命じたのだろうかと、疑問に思わざるをえない。天平七年（七三五）からの疫病や自然災害による飢病死を原因とする税収不足から財政が窮乏して墾田永年私財法という律令制度の根幹をゆるがすような施策をとらざるをえなくなっていた時に、恭仁宮造営のために畿内から五五〇〇人も徴発している。田租を免じたり、貧しい家に対して賑給《しんごう》があったが、松尾光氏は、地方の郡庁である郡家には出挙稲が保有されていたが救済のために放出されることがなかったし、危急の備えとして義倉もあったが全国的に開用して救済すべき指示がみられないとしている（松尾光『古代政治史の死角』）。こうした社会不安のなかで恭仁・紫香楽両京を造営し、自身でも非常識であることを認めていた遷都を繰りかえし（北啓太「聖武天皇」）、大仏を造立《ぞうりゅう》して全国に国分寺・国分尼寺を建立するというさらに多大な経済的負担のともなう施策を命じることはふつうは理解できない。

後年にクーデターを企んだ橘奈良麻呂は、その理由を訊問《じんもん》された時に「東大寺《とうだいじ》の造営は、諸氏族も憂え国民も苦辛した」(『続日本紀』天平宝字元年七月庚戌《かのえいぬ》条)と白状している。聖武は自ら「朕は九重《ここのえ》の内裏の奥に暮らしているので、官人の執務状態を詳しくはしらない」(『続日本紀』神亀四年二月甲子《きのえね》条)といっているくらいであるから仕方ないのかもしれない。けれども、朝廷内の諸官人や国民の気持ちを無視して、あえて国家的難事業を命じた聖武は、やはり周囲の実情がみえていなかったといわざるをえない。

聖武の仏教信仰には、穀物の実りを豊かにし、疫病を克服して、幸福をもたらすことを願ってのことがあったが、現実を直視すると度重なる都城の造営・遷都や国分寺建立は避けなければならない。このような評価は現代的な思考であって、奈良時代に生きた聖武の精神性を斟酌《しんしゃく》していないとの指摘があるかもしれない。理想的な帝王のあり方を意識し、それに近づこうとして必死に努力したとの評価もある(寺崎保広『聖武天皇』)。

しかし、生来の病弱さから常に皇嗣不安が問題化して、この解決のために積極的な対応をとらなかったことで長屋王の変をはじめ、のちの橘奈良麻呂の変など皇嗣問題で幾多の政変が起こって政治社会不安をもたらした。晩年には政治意欲を喪失して、ひたすら仏教に帰依《きえ》して東大寺大仏完成に傾注するようになり(寺崎保広「光明皇后」)、後述するように生前に娘孝謙天皇《こうけんてんのう》に譲位するという無責任な行動をとっている。これは天皇としてはありえないことであって、著者にはやはり実情がみえない天皇だったとの印象を拭《ぬぐ》い去ることができない。

4　平城京還都

紫香楽宮の造営

著者がこのような聖武天皇観を強くするのが、前述したように国民の反対を無視した紫香楽宮の造営事業である。一九七三年からの滋賀県甲賀市《こうかし》信楽町《しがらきちょう》にある宮町《みやまち》遺跡の発掘で大極殿や朝堂院の建物跡がみつかり、また天平十三（七四一）～十七年にかけての木簡が多数発掘されたことから、この宮町遺跡が紫香楽宮の中枢地区であったことがわかった（栄原永遠男『聖武天皇と紫香楽宮』）。

天平十四年（七四二）二月には恭仁京から近江国甲賀郡への東北道が開通して、八月に聖武天皇は紫香楽村に行幸、造離宮司を任じて紫香楽離宮の造営を始めている。その後も聖武は十二月、同十五年四月、同年七月からは十一月まで四か月も長く紫香楽に滞在、そして同十六年二月には紫香楽宮に移ったが、四月には宮の西北で山火事が発生して数千人が鎮火にあたるという事態が起こった。同十七年四月からは近辺の山で頻繁に不審火がつづき、住人は物品を川近くに埋めて保存をはかったという。

また五月には諸司官人にいずれの地が都城としてよいかと尋ねたところ一様に「平城《なら》」と

答え、また大安《だいあん》・薬師《やくし》・元興《がんごう》・興福四寺の僧らも「平城」との意見をとなえ、一時的に恭仁宮にもどった聖武をみて人々は一斉に万歳を称した。そして人々はこぞって平城に移り、その行列が朝から夜までつづいて、紫香楽宮は「空《むな》しくして人无《な》し。盗賊充《み》ち斥《み》ちて、火も亦《また》滅《き》えず（無人となり、盗賊だけが多くいて、山火事も消えなかった）」（『続日本紀』天平十七年五月戊辰《つちのえたつ》条）という状態となった。

このような動静を推測すると、諸司官人だけでなく国民の大多数が紫香楽宮を宮都とするのに強く反対していたのであって、紫香楽宮の周辺の度重なる山火事はこれらの人々による実力行使であったとみるべきで、ここでも聖武は実情がみえていなかったのである。

平城京還都と大仏の造立

ついに聖武天皇は国民の希望をいれて平城京への還都の意志を固めて、天平十七年（七四五）五月に紀飯麻呂を平城宮に派遣して清掃させているが、この時には諸寺の僧侶《そうりょ》をはじめ多くの人々が集まってきて手伝ったという。そして五月十一日に聖武は恭仁宮から平城宮に還幸して、すべての官司の役人も元にもどった。ここに五年間にわたり遷都を繰りかえした聖武の彷徨は終わった。

この平城還都によって、すでに紫香楽京の甲賀寺《こうかでら》（滋賀県甲賀市信楽町黄瀬）で盧舎那仏《るしゃなぶつ》（大仏）の骨組みの柱を建てるなど造立工事は始まっていたが、場所を平城京に移して新たに造立事業が始まった。天平十八年（七四六）十月に聖武は光明皇后とともに金鍾寺《こんしゅじ》（改称して金光明寺《こんこうみょうじ》。東大寺の前身）に行幸して、鋳造前の塑像《そぞう》（粘土などで作った原型）の大仏を供養した。その周辺には一万五〇〇〇余の燈火が点《とも》され、数千人の僧侶も供養した。

翌年九月からは造仏長官国中公麻呂《くになかのきみまろ》らが中心となって鋳造が開始された。民間布教で多くの信者をえていた僧行基《ぎょうき》の弟子や支持者らの参加もあって、銅の錫《すず》含有率の分析からわかったのであるが、長門国長登《ながのぼり》銅山（山口県美祢市）で採掘された熟銅（精錬した銅）七三万九五六〇斤《きん》（約四五〇トン）などを使用して、足元から頭部に八回に分けて鋳造を重ねて大仏本体は天平勝宝《てんぴょうしょうほう》元年（七四九）十月二十四日に完成した（鶴見泰寿『東大寺の考古学』）。鋳造だけでも知識人（大仏造立の協力者）三七万二〇〇〇人余が参加し、役夫《やくぶ》（人夫）が五一万四九〇〇人動員されている（『東大寺要録』巻二）。その後、遅れて大仏殿が建立されて、開眼の儀式が行われるのは同四年四月九日のことであるが、鍍金《ときん》（金めっき）が終わったのは天平宝字元年（七五七）、光背《こうはい》（光や炎をかたどった、仏像の背後にある飾り）ができたのはさらに遅れて宝亀二年（七七一）のことであった。この事業は国民に長く多大な労苦を強いたものになって、そのことは前述した橘奈良麻呂のクーデター決起の理由にもなったことによってもわかる。

皇位継承と塩焼王事件

天平十年（七三八）正月に阿倍内親王が立太子して聖武天皇の皇嗣が定まったとはいうものの反対する政治勢力もあって、皇位継承問題がすっきりと解決したということにはならなかった。それは阿倍が独身であって、即位しても一時しのぎで早晩継承問題が行きづまることがわかっていたからであろう。よって、皇位継承については流動的であった。このことが露呈したのが塩焼王の事件であった。

塩焼王は新田部親王《にいたべしんのう》の長子で、祖母が藤原不比等の妹五百重娘《いおえのいらつめ》であり、同じ藤原氏の血を引くことから聖武は好感をもっており、そのことが理由となったのであろう、夫人県犬養広刀自との間に生まれた末娘不破内親王《ふわないしんのう》を妻に迎えていて、中務卿《なかつかさきょう》に任じられるなど聖武の側近として信頼があつかった。しかし、天平十四年（七四二）十月になって突然に女孺《にょじゅ》（女官）五人とともに遠流となった。どういう理由であったのかはっきりしていない。

従来からは男女問題のスキャンダルだとする説（遠山美都男『天平の三姉妹』）や紫香楽京造営や大仏造立に反発したからだとする説（中川收「塩焼王をめぐる諸問題」）があるが、じつは妻の不破が実弟安積親王を阿倍皇太子に代えて擁立しようとしたので内親王籍を剝奪されて、塩焼王も伊豆国に流されたとする見解（塚野重雄「不破内親王の直叙と天平十四年塩焼王配流事件（下）」）がある。しかし、娘とはいえ張本人の不破より塩焼王が重罪であるはずがなく、ここは塩焼王自身が阿倍皇太子に対抗するような言動をとって聖武の逆鱗《げきりん》に触れたと理解するのが穏当である。聖武はのちに遺言で孝謙天皇（阿倍）の皇嗣として塩焼王の実弟道祖王《ふなどおう》を指名している。この件がなければ塩焼王が指名されたはずである（木本「塩焼王についての考察」）。

皇位継承と安積親王の死

さらに皇位継承に関して重要な地位にいたのが安積親王であったが、その安積が天平十六年（七四四）閏正月十三日に亡くなった。この二日前に聖武天皇は鈴鹿王と藤原仲麻呂を恭仁宮留守司《るすし》に任命して難波宮に行幸している。安積もこれに従っていたが、途中で脚病（脚気《かっけ》）が悪化して桜井頓宮《さくらいのかりみや》（大阪府東大阪市六万寺町か）から恭仁宮にもどって二日後に亡くなった。時に一七歳であった。

安積は、この時に聖武にとってはただ一人の皇子であって、大伴家持が「（前略）我が大君 皇子《みこ》の尊《みこと》 万代《よろずよ》に 食《め》したまはまし 大日本《おおやまと》（中略）天《あめ》知らしぬれ 臥《こ》いまろび ひづち泣けども せむすべもなし（わが大君安積皇子が万代までも君臨されるはずの大日本。天に上って行かれたというので、身もだえしのたうち回って泣いても、もうどうにも仕方がない）」（『萬葉集』巻三・四七五番歌）と詠んだように、橘諸兄・奈良麻呂父子を中心に家持ら大伴氏をはじめ反藤原氏勢力から皇統を継ぐべき者として嘱望《しょくぼう》される存在であった。

この安積の死が突然であったこともあって、阿倍皇太子側に立つ仲麻呂がこの直後に恭仁宮留守司を解任されていることを理由に、暗殺したものと説かれてきているが（横田健一「安積親王の死とその前後」）、論拠に乏しいことから最近では否定される傾向にある（木本「藤原仲麻呂による安積親王暗殺説の検討」）。

藤原仲麻呂の台頭

橘諸兄の権力に陰りがみえてきたのは天平十八年（七四六）のことで、代わって藤原仲麻呂が台頭してきた。仲麻呂が目立って昇進することになったのは、同十二年正月に正五位下に昇叙したのにつづいて、同年十月の伊勢国行幸に際して前騎兵大将軍《さきのきひょうだいしょうぐん》（行幸前方の警衛責任者）に抜擢され、十一月に正五位上に、さらに同十三年閏三月に従四位下というように一年余に三階も昇ったことからであった。そして、同十五年五月には従四位上参議となって太政官構成員となった。

このような仲麻呂の厚遇は聖武天皇によるものではなく、光明皇后の意思が大きくはたらいている。光明は自身の立場をも思って生家藤原氏の政治的な復活を強く願っていた。皇后としての、そして娘の阿倍皇太子の政治的立場を思えば、復活した生家の助力が必要であった。光明がこのことを託したのが多くの甥のなかでも仲麻呂であった。ふつうなら仲麻呂の兄の豊成（長兄武智麻呂の嫡子）が順当なのだろうが、藤原四兄弟が没した危機的な状況にあったから、「率性《そっせい》は聡敏《そうびん》（さとい性質）」であった仲麻呂に託することにしたのであろう。

仲麻呂は天平十八年（七四六）になると、二月には授刀舎人《たちはきのとねり》という武官（一一頁に前述）を復活させ、また四月に鎮撫使（七九頁に前述）を再置している。授刀舎人は慶雲四年（七〇七）七月に、鎮撫使は天平三年（七三一）十一月にともに藤原氏が他氏族に軍事的圧力を加えるために創設していたものであって、仲麻呂はこれを再設して諸兄派勢力に圧力をかけたのである。

また仲麻呂は天平十八年（七四六）三月に人事権を行使する式部卿に就任すると、積極的に人事に介入した。この前後の年に比べてもこの年は任官数が八〇例近くと突出していて大規模な異動が行われた。それは諸兄派の官人が閑職に追いやられて、仲麻呂派を要職に登用する傾向が著しく、これは式部卿にあった仲麻呂が平城の朝廷から諸兄の勢力を排除し、自己の勢力を扶植することを目的に行ったことであった（直木孝次郎「天平十八年の任官記事をめぐって」）。

そして三年後、天平勝宝元年（七四九）七月に仲麻呂の推す阿倍皇太子が即位したことで政治の領導権は仲麻呂に移り、諸兄は凋落《ちょうらく》の一途をたどることになる。

第五章　専権貴族の登場

1　孝謙天皇の即位

聖武天皇の譲位

天平感宝《てんぴょうかんぽう》元年（七四九）七月、聖武天皇《しょうむてんのう》は阿倍皇太子《あべこうたいし》に譲位し、阿倍は即位して孝謙天皇《こうけんてんのう》となり、代始によって改元されて天平勝宝元年となった（天平感宝に始まる四字年号は唐の則天武后が用いた年号にならったもの）。しかし、この孝謙の即位には疑念がある。それは四〇日ほど前の閏五月二十日の諸寺に墾田などを施入する旨の勅書に聖武が「太上天皇沙弥《しゃみ》勝満《しょうまん》」と記していて、すでに譲位して太上天皇となっていたことがしられることである。いったい、これはどうしたことだろうか。

古代の即位儀礼は、神器《じんぎ》を相承する践祚《せんそ》と即位宣命《せんみょう》（宣命は和文で書かれた天皇の言葉）を宣読する即位にわけて挙行されていたとする理解がある。しかし、これにはすでに聖武は出

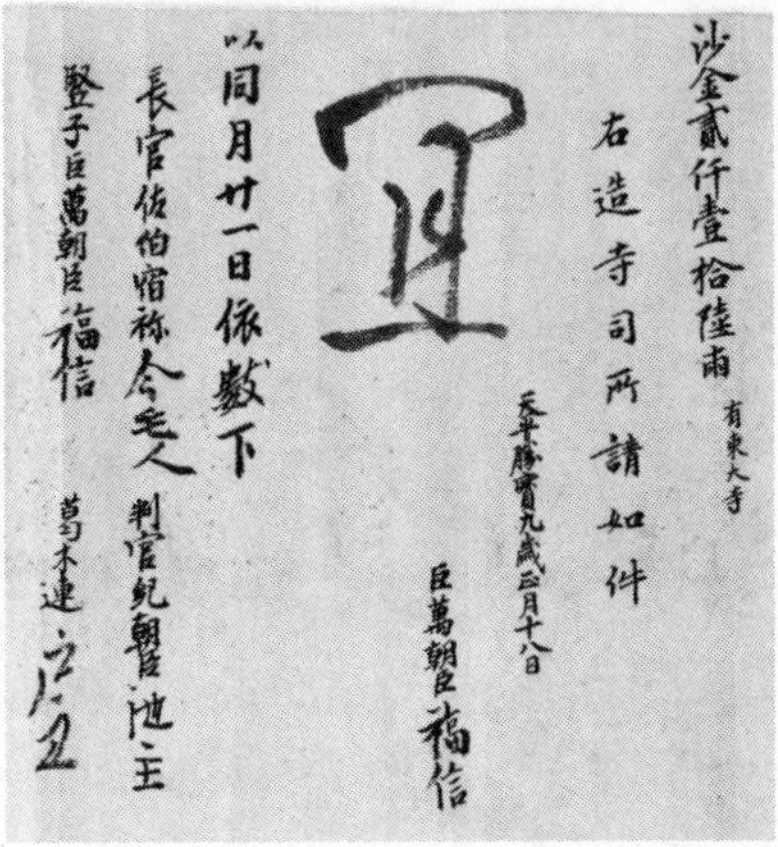

沙金貳仟壹拾陸両 有東大寺
右造寺司所請如件
天平勝寶九歳正月十八日
巨萬朝臣福信
宜
以同月廿一日依數下
長官佐伯宿祢今毛人 判官紀朝臣池主
竪子巨萬朝臣福信 葛木連戸主

沙金請文（しゃきんしょうもん） 天平勝宝９歳（757），「宜」が孝謙天皇の御画．大仏鍍金（金めっき）のための砂金を請求したのを裁可した文書．正倉院宝物

家していて（『扶桑略記《ふそうりゃっき》』天平感宝元年正月十四日条）、薬師寺宮《やくしじのみや》を御在所として仏道修行に専念して仏教徒として政治には関与せずに、政務を光明皇后《こうみょうこうごう》に委《ゆだ》ねて実質的に天皇の地位を離れていたという背景があったことが指摘されている。実情がみえないということでは済ませられない聖帝化再考の一つの理由になる。

女帝の即位

聖武天皇の崇仏心による行動からの譲位をうけて孝謙天皇は即位したが、それは光明皇后の慫慂《しょうよう》したことでもあった。『続日本紀』は、孝謙の「草壁皇子《くさかべのおうじ》の皇統が途絶えることになるので、草壁の血統を引くただひとりのあなたが女子だが即位するように」（天平宝字六年六月庚戌《かのえいぬ》条）との母光明の勧めによって即位したとの言葉を伝えている。

このような事情で即位した孝謙の地位は不安定にならざるをえなかった。これを支えたのが光明皇太后（孝謙即位後は皇太后と表記する）だが、それだけに光明の政治領導力の強化がはかられた。このことを光明から任せられたのが藤原仲麻呂《ふじわらのなかまろ》であった。仲麻呂は孝謙天皇即位とともに大納言に昇任して徐々に政治力を増してきていた。しかし、太政官には左大臣橘諸兄《たちばなのもろえ》、右大臣藤原豊成《とよなり》、先任大納言の巨勢奈弖麻呂《こせのなでまろ》らの上司がいて、光明とともに政治を専断することができなかった。

2　光明皇太后の政治領導

紫微中台の創設

そこで光明皇太后と藤原仲麻呂が案出したのが、太政官とは別に光明の意思を反映させるための新官司の紫微中台《しびちゅうだい》の創設であった。『続日本紀』には「宮中にあって光明皇太后の命令をうけて諸官司に頒布《はんぷ》・施行する」（天平宝字二年八月甲子《きのえね》条）ことを職掌としたとあり、勅書作成の権能もある（柳雄太郎『律令制と正倉院の研究』）ことから、ここに孝謙天皇のもとでの太政官という国政の最高機関が無力化する危険が生じた。天平勝宝元年（七四九）八月、長官の紫微令《しびりょう》には仲麻呂が、次官の大弼《だいひつ》には参議の大伴兄麻呂《おおとものえまろ》と式部卿の石川年足《いしかわのとしたり》、少弼《しょうひつ》には式部大輔の巨勢堺麻呂《こせのさかいまろ》と中衛少将の肖奈王福信《しょうなのこにきしふくしん》（渡来系出身）らが任命されているが、この陣容をみると大伴・石川など有力な氏族から仲麻呂に近い関係の者で、かつ式部卿や中衛府《ちゅうえふ》など文武の要職を本官とする者が任官している。この紫微中台の創設が光明・仲麻呂政治体制の基盤官司となって政界に大きな変容をもたらすことになる（瀧川政次郎「紫微中台考」）。

現実に天平勝宝年間（七四九〜七五七）の太政官符《だいじょうかんぷ》（太政官から八省・諸国に下す公文書）を下すのに際しては仲麻呂が上席者である左右大臣の橘諸兄・藤原豊成を超えて宣者《せんじゃ》（太政官符を伝え述べる役）となっており、紫微中台創設後は左右大臣の署名はなくなり、もっぱら紫微令仲麻呂以下の紫微中台官人の署名になる（早川庄八「古代天皇制と太政官政治」）。つまり光明から紫微令仲麻呂へ、そして詔勅（天皇の命令を記した文書）を発給する弁官の責任者である左大弁石川年足へと命令は伝達されたが、この年足も紫微大弼であった。仲麻呂は紫微中台に拠って光明と連携する「光明・仲麻呂政治体制」を成立させたのである。

光明・仲麻呂政治体制と大仏開眼

光明皇太后と藤原仲麻呂の領導する国政が紫微中台をとおして行われていくが、なぜ光明が仲麻呂を協力者に選んだのかということである。簡単には前述したが、それは天平九年（七三七）に武智麻呂ら四兄弟が相次いで亡くなって凋落した生家藤原氏の復活を誰に託すのかということでもあった。ふつうは嫡流である南家の嫡子豊成であろうと思うが、どうして次子である仲麻呂であったのか、豊成は『続日本紀』豊成薨伝《こうでん》（没時に国史に記される略伝）には、「天性の資質に弘《ひろ》く厚いものがあり衆望があった」とはあるものの政治的には無能であったとの評価がある（村山修一「藤原仲麻呂」）。その一方で、仲麻呂は「生来から聡敏でおおかたの書物を読んでいた」（「仲麻呂薨伝」）学識文才だとあるから、光明は次子ではあるが才気ある仲麻呂に生家の復活を託したのであろう。

さて、光明・仲麻呂政治体制下での大きな出来事というと、天平勝宝四年（七五二）四月にやっと東大寺の大仏が開眼を迎えたことであった。開眼の日には聖武太上天皇・光明と孝謙天皇、すべての公卿官人や一万人の僧侶も参加して、インド人僧の僧正菩提僊那《ぼだいせんな》が大仏に眼《め》を入れて魂を迎える開眼の儀式が行われた。開眼の筆には縹色《はなだいろ》（青色）の一九八メートルの長い綱がつながり、聖武以下の人々が握って開眼の功徳《くどく》に浴したが、この筆は「天平宝物筆」（五六センチメートル余）として、綱は「開眼縷《かいげんのる》」として正倉院《しょうそういん》に伝存している。

この開眼儀式の状況や様子は、一二世紀初頭に成立した東大寺由来に関する史料集である『東大寺要録』に詳細だが、『続日本紀』には「作《な》すことの奇《くす》しく偉《とうと》きこと、勝《あ》げて記すべからず。仏法東に帰《いた》りてより、斎会《さいえ》の儀、嘗《かつ》て此《かく》の如く盛《さかり》なるは有らず（このすばらしさは書き尽くせないほどで、仏教が日本に伝来して以降、法会《ほうえ》としてはいまだかつてこのような盛大なものはなかった）」（天平勝宝四年四月乙酉《きのととり》条）と記されるように盛大なものであった。

孝謙天皇の継承争い

孝謙天皇が即位したものの、これと同時に立てるべき皇太子を決めることができなかった。

この孝謙の皇嗣をめぐっての政争はまだ大きな動向となって現れてはいなかったが、底流では有力な貴族などのそれぞれに諸王を擁する策動がみられ纏《まと》まりがつかなかったのである。

それだけに孝謙の立場は不安定であったが、聖武太上天皇の後見もあり、また経験のある橘諸兄が左大臣として太政官を統轄していたこともあり、紫微中台も機能していたから一応は政治的なバランスが保たれていた。しかし、天平勝宝八歳（七五六。七～九年は「年」ではなく「歳」）二月になって諸兄が引退して政界を去り、五月には聖武が亡くなって事態は一挙に流動化することになる。死後の政界混乱を恐れていた聖武は、最期になって新田部親王《にいたべしんのう》の二男である道祖王《ふなどおう》を皇太子に立てることを遺言して不穏な政治情勢の収拾をはかった。道祖王の祖母は藤原鎌足の娘である五百重娘《いおえのいらつめ》で、自分と同じ藤原氏の血統につながるし（母が藤原宮子である聖武にとって道祖王は又従兄弟《またいとこ》となる）、大伴家持《やかもち》や石上宅嗣《いそのかみのやかつぐ》らの期待を考えてのことでもあった（木本「道祖王立太子についての一試論」）。

ところが、道祖王には貴族らの支援が広がらず、天平宝字元年（七五七）三月に道祖王の立太子に納得していなかった仲麻呂の意向をうけた孝謙天皇は道祖王を廃太子にした。どうも聖武は道祖王立太子の遺言について、光明皇太后・孝謙をはじめ主要な貴族に相談していなかったものと思われる。聖武は孝謙即位から七年も経っても使命であった皇太子を決めることもせずに、この機になっても意見調整をしていなかったのである。この優柔不断さは聖武像再考の二つ目の理由となりそうである。

道祖王廃太子の理由は、機密を民間に漏洩《ろうえい》し、夜には春宮《とうぐう》（皇太子の宮殿）から抜け出して一人で私宅に帰り、聖武の喪中でありながら儀礼に欠ける行動があり、そのうえ教戒を加えても服従しなかったということであった。ただ、このことはまず廃太子ありきのことで、これらの理由が事実であったかどうか疑わしい。

道祖王の廃太子をうけて、四月になって孝謙は群臣らに誰を新皇太子に立てるべきかを尋ねた。仲麻呂は「天皇が選ばれた者に仕えるだけだ」と候補者をあげなかったが、右大臣で南家の藤原豊成と北家の永手《ながて》らは、道祖王の兄塩焼王《しおやきおう》を、文室珎努《ふんやのちぬ》（のちの文室浄三《じょうさん》）と大伴古麻呂《こまろ》らは池田王《いけだおう》（舎人親王《とねりしんのう》の四男）を推薦した。これ以外にも池田王の兄船王《ふねおう》（舎人親王の三男）らが候補にのぼった。これをうけて孝謙は、塩焼王は天平十四年（七四二）十月に皇位継承に絡んで聖武の不興をかって伊豆国に流罪に処せられていたことがあり（一一六頁に既述）、池田王は孝行に欠け、船王には女性関係に問題があるなどとして退けている。

光明皇太后と大炊王の擁立

このような有力公卿の推薦する諸王を排して、孝謙天皇が皇太子候補にあげたのは予想外の舎人親王の末子《ばっし》（七男）の大炊王《おおいおう》であった。孝謙は、「大炊王、未《いま》だ長壮にあらずと雖《いえど》も、過悪を聞かず。この王を立てむと欲《おも》ふ（大炊王は壮年になってはいないが、過誤悪行のことを聞かない。この王を立てたいと思う）」（『続日本紀』天平宝字元年四月辛巳《かのとみ》条）として大炊王の立太子が決定した。しかし、大炊王の擁立には他の理由があった。過誤悪行を聞かないなどという理由は表向きのことで、じつは大炊王は仲麻呂の一男で亡くなっていた真従《まより》の寡婦《かふ》粟田《あわたの》諸姉《もろね》を妻として、仲麻呂の私邸である田村第《たむらてい》に養われていたのである。よって、孝謙と仲麻呂の間ではすでに大炊王擁立で合意されていたと思われることからして、諸卿への皇太子の推薦要請や、先の仲麻呂の「天皇の選んだ者に仕えるばかりだ」という発言は、まったくの茶番劇であったことがわかる。

しかし、この茶番劇にはもう一人の重要人物が絡んでいた。光明皇太后である。『続日本紀』には、「(光明皇太后が)慎んで聖武太上天皇の遺詔を承り皇位の継承者を(大炊王に)定められた」(天平宝字二年八月庚子《かのえね》条)との仲麻呂の言上《ごんじょう》がみえている。また大炊王が即位後に淳仁天皇《じゅんにんてんのう》として諸司の主典《さかん》以上を召集して「(光明皇太后が)そなたを皇太子として決めたと仰せられたことがあり、聖武天皇の皇太子として定めていただいて、天日嗣高御座《あまつひつぎたかみくら》(皇位)に昇らせていただいた」(『続日本紀』天平宝字三年六月庚戌《かのえいぬ》条)と公言している。

この淳仁の宣言は注目される事実を示唆している。その一つは、大炊王の擁立には孝謙だけでなく光明も積極的に関与していたということであり、このことは光明・仲麻呂政治体制が片鱗《へんりん》をみせていることの証拠でもある。もう一つは、淳仁自身が「自分は聖武天皇の皇太子として定められた」のだと認識していたことである。このことは孝謙の天皇としての存在が希薄なものであって、そして中継ぎ的な天皇として認識されていたのではないかというさらに重大なことをも明示している。

仲麻呂の紫微内相就任とその施策

藤原仲麻呂は自分の擁した大炊王が立太子したことによって、さらに政治力を増大させたが、その発現が翌月、天平宝字元年（七五七）五月の紫微内相《しびないしょう》就任である。仲麻呂は紫微中台の長官紫微令として政治力を発揮していたが、加えて軍事力の掌握をもくろんでいた。それが紫微内相職の創設・就任であった。紫微内相は六衛府（五二頁に前述）を管掌して、全国の兵馬徴発権をもつという中央と地方の軍事を統轄する絶大な権力を有する。仲麻呂は行政権だけでなく、軍事権も掌握することになって実質的に政治を領導することになった。

このような政治状況をうけて、この頃になると仲麻呂独自の施策が実施されてくる。大宝令では一七～二〇歳を少丁《しょうてい》（養老令では中男《ちゅうなん》）、二一～六〇歳を正丁《せいてい》と定めて、少丁の課税の調（絹・糸や海産物などを納める）は正丁の四分の一とし、庸（労役の代わりに土地の産物を納める）は課さないという規定であった。これを仲麻呂は少丁を一八歳、正丁を二二歳に一歳引きあげ負担を軽減している。この施策の淵源《えんげん》は、唐の玄宗が天宝《てんぽう》三載（七四四）十二月に中男一八歳以上、成丁《せいてい》二三歳以上としたことを参考にしたもので、そのことは『唐大詔《とうだいしょう》令集《れいしゅう》』（唐代の詔令を項目別に集成する）巻七十四に掲載する詔文と『続日本紀』にみえる詔文とが似通っていることからも確かめられ（曽我部静雄『律令を中心とした日中関係史の研究』)、仲麻呂が唐の政策について熟知していたことがわかる。

また仲麻呂は、民を治め国を安定させるためには、「孝」を行動の根本とすべきであるとして『孝経《こうきょう》』(孔子と弟子曽参《そうしん》の孝道に関する問答を筆録したもの)一巻の家蔵を命じているが、その影響であろう、多賀城跡から『孝経』の切れ端が出土している。また諸官司の主典以上の者や八〇歳以上の高齢者、六衛府の兵士で三〇年以上勤務する者たちに位階を一階すすめ、篤疾者(重度な障がい者)などには物品を程度に応じて支給している。

これらの仲麻呂の諸施策について、一般的には人気取り策だと理解されているが、これ以降の唐風政策とも併せて考えてみるとかならずしも人気取り策だけだともいえず、現状の問題を打開しようとした施策だと評価できるところもある。

養老律令の施行

この頃の藤原仲麻呂の施策で特筆すべきことは、天平宝字元年(七五七)五月の養老律令の施行であろう。養老律令は、養老二年(七一八)に藤原不比等を中心に大宝律令を改訂し完成していたが、この時まで三九年間も施行されなかった。これには不比等が同四年八月に没したことや実質的には緊要な処分は格《きゃく》をだすことによって事態に対応できることから、施行のための積極的な理由がなかったからであろう。なお、格は律令条文を修正・整備する法令、式《しき》は律令と格の施行細則である。

それだけに施行理由について、従前から仲麻呂に祖父不比等を称揚しようとする意図があったからだといわれてきている（坂本太郎「養老律令の施行に就いて」）。しかし、そのような単純なことではない。仲麻呂は新令施行に際して直後の九月には説令所《せつりょうしょ》を設置して、明法博士《みょうぼうはかせ》（大学寮に属する法律学の教官）山田白金《やまだのしろかね》を中心に宮中で新令講書を始めて、公的な法解釈を定めている。

そして、この講書に参加したなにものかが著した「新令私記」が『令集解《りょうのしゅうげ》』（九世紀中頃成立した養老令の私撰注釈書）に引用されており、その「新令私記」には法解釈について仲麻呂の見解が「内相定《ないしょうさだむ》」としてみえている（早川庄八『日本古代の文書と典籍』）。このことから、仲麻呂自身も講書に積極的に参加して養老令の法解釈に熱心であったことがしられる。このような事実を思えば、仲麻呂がただ単に不比等の顕彰だけを理由に養老律令を施行したわけではないことがわかる。仲麻呂は、天平宝字三年（七五九）六月に律令格式は政府を安定させて国民を治め、世を済《すく》うために至要であると述べている。このことからして養老律令の施行は、仲麻呂自身の政治信条からでた施策でもあったことに留意すべきである。

3　橘奈良麻呂の変

橘奈良麻呂の策謀

母后として孝謙天皇に影響力をおよぼして政治権威を発揮する光明皇太后の信頼をうけて、仲麻呂は徐々に政治力を増していった。『萬葉集』巻二十・四二九四番歌には、天平勝宝五年（七五三）五月に少納言（小事の奏宣や御璽《ぎょじ》・太政官印を管理する）の大伴家持が個人的に仲麻呂邸を訪ねて決裁の相談をしたことがみえていて、仲麻呂による政治の専断がすすんでいたことが認められる。それだけに徐々に仲麻呂に対しての政界の反感も多くなっていった。ことに仲麻呂が光明・孝謙を抱きこんでの義子的な関係にある大炊王を皇太子に立てて、仲麻呂政権確立への道が確定したことへの反発は広がっていた。

その代表的な人物が橘《たちばなの》奈良麻呂《ならまろ》であった。奈良麻呂は孝謙の即位にも不満をもっていて、その阻止と黄文王《きぶみおう》（長屋王の王子）擁立を目指して天平十七年（七四五）頃から策謀していた。奈良麻呂は当初は県犬養広刀自《あがたいぬかいのひろとじ》の生んだ安積親王《あさかしんのう》を擁していたが、同十六年閏正月に一七歳で早世したことから黄文王の擁立に転じたのである。じつは奈良麻呂の母は、藤原不比等の娘多比能《たびの》で、黄文王の母長娥子《ながこ》とは姉妹であったから奈良麻呂と黄文王は従兄弟の関係にあった。

奈良麻呂の具体的なクーデターにむけた行動は、孝謙が即位した天平勝宝元年（七四九）から始まり実行をはかったが挫折、さらに同八歳四月にも「聖武天皇は長く健康を害しており、いまは天下が乱れて人心も落ちつくことができない。もし他氏が新しい天皇を立てたならば、わが一族は滅んでしまう。自分の願いは大伴・佐伯《さえき》氏を率いて黄文王を即位させることであり、他氏に先んじることになれば万世を支配することになる」（『続日本紀』天平宝字元年七月庚戌《かのえいぬ》条）といって、佐伯全成《またなり》や大伴古麻呂らを説得している。しかし、全成からは「道理にかなったことではない」と断られ、古麻呂からも拒まれている。

橘奈良麻呂の変と父諸兄の関与

このように橘奈良麻呂の黄文王擁立のクーデターを前提とした行動は一〇年以上にわたってつづいていたのであるが（木本「黄文王と橘奈良麻呂」）、奈良麻呂の身近にいた父諸兄はこれをどのようにみていたのだろうか。左大臣として政府を代表する立場にあっただけに興味がある。

奈良麻呂の変は諸兄の死の半年後に起きたことではあるが、それにいたるまでの長い期間の奈良麻呂の行動を父親がしらなかったということはないし、奈良麻呂の行動に加わっている官人らの大半は諸兄派であったから無関係であるとは思えない。けれども、この件について諸兄は藤原仲麻呂の台頭に敵意をもって対抗するのではなく、穏やかに処していた（森田悌「越中守時代の大伴家持」）、仲麻呂と奈良麻呂ら諸勢力の対立を融和させてきた（中村順昭『橘諸兄』）といった見方が多くあって、諸兄と仲麻呂の対立を指摘する見解は少ない。

しかし、著者は諸兄と仲麻呂の政治的な対立はあったとみている。その論拠を二、三あげてみよう。まず天平勝宝四年（七五二）十一月に聖武太上天皇は諸兄宅に行幸しているが、同時に光明皇太后と孝謙天皇は仲麻呂宅に行幸している。これは聖武・諸兄と光明・孝謙・仲麻呂との対立をきわだたせている。また同六年三月に諸兄は、山田《やまだの》三井《みいの》比売《ひめ》島《しま》宅で宴《うたげ》を主催するなど比売島とは懇意であったが、比売島は奈良麻呂のクーデターをしっていながら蔽《へい》匿《とく》していたことから懲罰をうけている。諸兄は、比売島だけではなく多治比国人《たじひのくにひと》ら奈良麻呂のクーデター計画に加わっている人たちとも当然のように交流があったから、奈良麻呂の行動はしっていたはずで、長年にわたる奈良麻呂の行動を制止しなかったのであるから、諸兄にも同じような仲麻呂への敵愾心《てきがいしん》のあったことは否めない。

そのことを決定づけるのが天平勝宝七歳（七五五）十一月の出来事だと思う。『続日本紀』天平宝字元年（七五七）六月甲辰《きのえたつ》条には、諸兄が奈良麻呂宅においての宴席で聖武に対して謀反《むへん》を疑われるような無礼な発言をしたのを側近佐味宮守《さみのみやもり》によって密告されたということがみえる。これを聞いた聖武は寛大にも諸兄を咎《とが》めなかったというが、この聖武の対応を聞いた諸兄は責任を感じて翌八歳二月に辞職引退した。

しかし、このことを追及しようとする勢力もあったようで、仲麻呂らが諸兄を追い落とすよい機会と思ったのであろう、この酒席に参加していた佐伯美濃麻呂《みのまろ》に「この諸兄の言葉を聞いたことがあるか」と喚問した。美濃麻呂は自分はしらないが、同族の全成はしっているはずだと答えたので、そこで全成をも喚問しようとした。全成は前述したように早くから奈良麻呂からクーデター決起の際には参加することを要請されていたから、訊問されていたら諸兄を巻きこんで大事件になることは必定であった。余計なことであるが、ここでしっていたのであろう美濃麻呂が自分はしらない、全成ならしっていると発言して責任転嫁したところに人間の弱さが寸見できておもしろい。

この全成への喚問は、事態の混乱を心配した光明の命令で沙汰《さた》止《や》みになったことで大事にはいたらずに収束された。前述したように奈良麻呂がクーデター決起に際して助力を頼んでいた佐伯氏でも有力な全成・美濃麻呂の二人が参加している奈良麻呂宅での宴席で、謀反を疑われるような発言をし、それも自身が主催していたことで、諸兄がクーデターに無関係だったとは到底いえない。奈良麻呂の変鎮圧の直後に密告者たちへの褒美の叙位が行われているが、佐味宮守も従五位下へと一一段階も昇叙していることを思えば、諸兄のこの件が奈良麻呂のクーデター事件と一連のこととして考えられていたということであるから、諸兄のクーデターへの関与は確かなことである。

天平勝宝八歳（七五六）五月に聖武太上天皇が没して気落ちしたのか、翌九歳（八月十八日より天平宝字元年）正月に橘諸兄も亡くなり奈良麻呂は追いこまれた。四月に藤原仲麻呂の擁する大炊王が立太子したことで、将来への展望を描くことができなくなった奈良麻呂は何度も見送っていた決起をついに決断する。仲麻呂の大炊王立太子強行に不満をもつ大伴古麻呂らのようにいままでは決起に反対していた官人たちの新たな参加も期待されたからであろう。

しかし、仲麻呂も奈良麻呂らの行動に備えて、一族の代表者である氏上《うじのかみ》が勝手に一族の者を集めることや王臣が制限以上の馬を飼うこと、武官以外の京中での武器携行、京中での二〇騎以上の集団行動などの禁止を厳命している。

政治的な緊張感のなかで、奈良麻呂のクーデター実行計画は六月頃から始まり、一回目の集会が奈良麻呂宅で、二回目は図書寮《ずしょりょう》の蔵のあたりの庭で行われた。その間にも、密告が相次いだ。まず巨勢堺麻呂の密告があった。堺麻呂は答本忠節《たほのちゅうせつ》（百済系の官人）宅を訪ねたところ、忠節から「大伴古麻呂が小野東人《おののあずまひと》に仲麻呂の打倒を誘ったところ東人がこれを承諾したこと、このことを右大臣で仲麻呂の兄でもある藤原豊成に報告したところ、『仲麻呂はまだ若いので、自分が古麻呂・東人らを教戒して仲麻呂を殺させないようにしよう』との返答のあったこと」などを聞いて即座に報告したのである。さらに六月二十八日になって山《やま》背王《しろおう》（長屋王の王子）が、奈良麻呂が兵器を準備して仲麻呂宅の田村第とその邸内に孝謙天皇・大炊皇太子が移御している田村宮《たむらのみや》の包囲を企んでいることを密告した（中川收「山背王をめぐる諸問題」）。

このような密告があったにもかかわらず、六月二十九日には三度目の集会が太政官院の庭で行われた。この集まりには奈良麻呂をはじめ古麻呂・黄文王・多治比犢養《こうしかい》・多治比礼麻《いやま》呂《ろ》・多治比鷹主《たかぬし》・大伴池主《おおとものいけぬし》・大伴兄人《えひと》ら二〇人ばかりが参加して、天地と四方を礼拝してともに塩汁をすすり誓いあって、七月二日の宵《よい》に、兵士を動員して田村第を包囲のうえ仲麻呂を殺害、皇太子大炊王を追放、そして光明皇太后を拘束して御璽（天皇の印章）と駅鈴《えきれい》（中央・地方への使者に与えられた証明の鈴で、駅での人馬調達に利用した）を奪取、右大臣の豊成に事態を収拾させたのちに、孝謙を廃位して塩焼王・道祖王《ふなどおう》兄弟、安宿王《あすかべおう》・黄文王兄弟ら四王より選んで即位させようとの計画を申し合わせたのである。

しかし、仲麻呂は巨勢堺麻呂や山背王からの密告で奈良麻呂らの行動をある程度はつかんでいて、孝謙と光明に報告していた。このこともあって、七月二日になって孝謙はこれらの不穏な行動を慎むようにとの詔《みことのり》を発している。さらに光明からも近親の者であるのに加えて、聖武から死後は皇太后である私によく仕え助けよと申しわたされていたではないかとの戒めと、今後も清い心で朝廷に仕えるようにとの詔があった。

これで事態は収まるかにみえたが、夕方になって新たに上道《かみつみちの》斐《ひ》太都《だつ》から「小野東人に橘奈良麻呂・大伴古麻呂らとともに四〇〇人の兵士を動員しての仲麻呂殺害に加わることを誘われた」との密告があった。仲麻呂はこれをただちに上奏するとともに東人を捕縛した。この斐太都の密告は、反対派を一掃して政治権力を掌握するためには絶好の機会であったにもかかわらず、光明の介入で曖昧なかたちで収束してしまっては敵対する勢力が残ってしまうことを危惧《きぐ》した仲麻呂が指示した可能性が高い（木本「橘奈良麻呂の変の密告について」）。斐太都が中衛大将である仲麻呂配下の中衛舎人《ちゅうえのとねり》であったことが、その感を強くする。

しかし、七月三日の夕方になってまたもや騒擾《そうじょう》を心配した光明が介入して収拾に動いている。光明は塩焼王・安宿王・黄文王と奈良麻呂・古麻呂らだけをとくに召して、仲麻呂から五人に対して「謀反の報告があったが、謀反などあるはずがないと信じているので、このたびは罪を許す」との詔を伝えさせている。五人は深々と頭《こうべ》を垂れて光明に感謝したという。

だが、光明の配慮は無駄になってしまう。翌四日になって東人が密告のことはすべて事実であると白状したのである。これによって先の五人をはじめ関与していた者がつぎつぎと逮捕され厳しく訊問された。黄文王・道祖王や古麻呂・多治比犢養・小野東人・賀茂角足《かものつのたり》らは拷問死《ごうもんし》し、安宿王は佐渡国、多治比国人は伊豆国への流罪に処せられ、佐伯全成は自死した。奈良麻呂のことは史料にはみえないが、たぶん黄文王らと同じように拷問死したのであろう。なぜクーデターを謀ったのかと詰問された奈良麻呂は、前述のように東大寺の造営で国民が苦辛するなど「仲麻呂の政治が無道」であることをあげたが、「東大寺造営は父諸兄の時に始まったことではないか」と切りかえされて言葉につまって屈服したという。

奈良麻呂の変からみえたこと

このような経過を経て、橘奈良麻呂の変は多くの科罪者をだして終わった。直後に藤原仲麻呂は、酒宴に集まる者たちが濫《みだ》りに政治を批判するのは道理に背くことであるので、王臣らに祭祀で供える時と病気療養の場合以外の飲酒を厳禁とし、親族・知人らの相互訪問も事前に所属官司に申告するように命じている。これは奈良麻呂らの陰謀が前述したように宴会の場でも行われていたからである。仲麻呂は自分の暗殺計画であっただけによほど懲《こ》りていたものと思われるが、だからといって飲酒を厳禁するというのは多くの王臣からの反発をうけたことであろう。あるいは仲麻呂は著者と同じように下戸であったのかもしれない。

この奈良麻呂の事件から政治史的に二つの重要なことが指摘できる。まず、奈良麻呂らが光明皇太后を拘束して御璽と駅鈴を奪取しようとしたことで、本来は天皇が保持しているはずの御璽と駅鈴が光明の手許《てもと》にあったことである。また、そのことを裏づけるように、七月二日と三日に光明は奈良麻呂らに自重をうながすために「詔」を渙発《かんぱつ》していることである。「詔」は、本来は天皇が命令を伝える文書形式で、皇太后は「令旨《りょうじ》」だと「養老公式令《くしきりょう》」に規定されている。また仲麻呂を殺害、大炊皇太子を退けて、光明から御璽・駅鈴を奪取するなど目的が達せられたあとに孝謙天皇を廃位する計画であったが、もし孝謙が天皇としての政治権力を発揮していたならば光明ではなくまず孝謙を拘束するはずである。このことからしても孝謙以上に光明が事実上の「天皇大権」を行使していたことが理解できる。

それでは、このような光明の権力はなににもとづくものであったのか。孝謙の母后としてか、聖武天皇の皇后としてかが問題視される。前述したように光明自身が聖武の遺志をうけて大炊王を皇太子に立てたとし、即位した大炊王（淳仁天皇）が自分は聖武の皇太子として立太子したと発言していることは、光明の権力は聖武に依拠していたものと推測される一方で、孝謙の存在が希薄であったということでもあり、この事実にも注視しなければならない。

4　恵美押勝の専権と内乱

藤原仲麻呂政権の成立

橘奈良麻呂らのクーデター計画が摘発されて、たしかに藤原仲麻呂は反対派勢力を一掃したが、それで仲麻呂政権が成立したということではなかった。施政は本来太政官によってすすめられるもので、太政官には兄豊成が首班の右大臣として在職していた。律令をなにより重視する仲麻呂にとって令制に則《のっと》って国政を執るためには太政官を掌握する必要があった。

豊成は、奈良麻呂の変では答本忠節から仲麻呂殺害計画を聞いていたにもかかわらず事件を糾明しなかった。仲麻呂は「奈良麻呂らが大乱を計画しているのをしりながら故意に報告せず、事件が発覚しても糾明しなかった。宰相たる者がこれでよいはずがない」（『続日本紀』天平宝字元年七月戊午《つちのえうま》条）として、右大臣を解任して大宰員外帥《だざいいんがいのそち》（大宰府の定員外の長官）に降格させた。

これによって仲麻呂は奈良麻呂らの反対派を壊滅するとともに、目のうえの瘤《こぶ》である豊成を追放することにも成功した。さらに中納言の多治比広足《たじひのひろたり》を一族から多くの賊徒をだしたことへの責任を問い免官。自派閥の石川年足を中納言に、密告した巨勢堺麻呂、阿倍沙弥麻呂《あべのさみまろ》・紀飯麻呂《きのいいまろ》を参議に登用し、太政官の主導権を確保して政治の領導を確実にしたのである。

このことを象徴する出来事が八月十八日の、天平勝宝九歳（七五七）から天平宝字元年への改元であって、これに絡んでのことであろう国司・郡司が公役に駆使する雑徭《ぞうよう》の最大限六〇日間を国民が苦しんでいるとして三〇日に半減、また公出挙《くすいこ》（国家による利子付き貸し付け）利子の天平勝宝八歳以前の全免など、仲麻呂政権成立とともに国民への負担軽減策がとられている。このような仲麻呂の施策は『老子』（道家の書）や『帝範《ていはん》』（唐太宗《たいそう》の撰による帝王学の書）など中国思想の影響をうけていることが多く、儒教にもとづく唐風徳治政策と評される所以《ゆえん》である。

淳仁天皇の即位と光明皇太后

天平宝字二年（七五八）八月、孝謙天皇は大炊皇太子（淳仁天皇）に譲位した。譲位の詔には、「天下の政《まつりごと》を聞こし看《め》す事は労《いたわ》しき重《いか》しき事に在りけり。年長く日多《まね》く此《こ》の座《くらい》に坐《いま》せば、荷重く力弱くして負ひ荷《も》ち堪《あ》へず。しかのみにあらず、(中略)皇太后の朝《みかど》をも人の子の理《ことわり》にえつかへまつらねば、朕《わ》が情《こころ》も日夜安からず。是を以て此の位避《さ》りて間《いとま》の人に在りてし理の如《ごと》はははには仕へ奉るべしと念《おもお》し行《め》してなも日《ひ》嗣《つぎ》と定め賜へる皇太子に授け賜はく(天下の政治をみることは苦労のあることで、長い期間在位していれば荷が重く力も弱く堪えることができない。それだけではなく母光明皇太后にも人の子として孝行を尽くせないので日夜不安である。よって退位して暇となって光明に仕えたいので皇太子に譲位する)」(『続日本紀』天平宝字二年八月庚子《かのえね》条)とみえている。

しかし、この孝謙の譲位理由はなんとも納得できないものがある。天皇の位にあることの重責に堪える苦難は別にしても、母親に仕えるためという理由はありえない。先に大炊王の立太子については光明皇太后が主導したことを述べたが、このような事情を考えると、光明は自身の体調のことを思って(この頃光明は病気がちで二年後の天平宝字四年六月に没する)、聖武太上天皇の遺志である天武皇統への安定した継承のためにと早い男帝の即位を願って、娘孝謙に大炊皇太子への譲位をうながしたのではなかろうか。もちろん、これは仲麻呂の願いでもあった(木本『藤原仲麻呂政権の基礎的考察』)。

このことを傍証するのが、淳仁即位をうけて仲麻呂が、「皇位継承者が途絶えると、人々はあれこれと余計なことを思うものです。孝謙は国民の要望をいれて淳仁に譲位するという

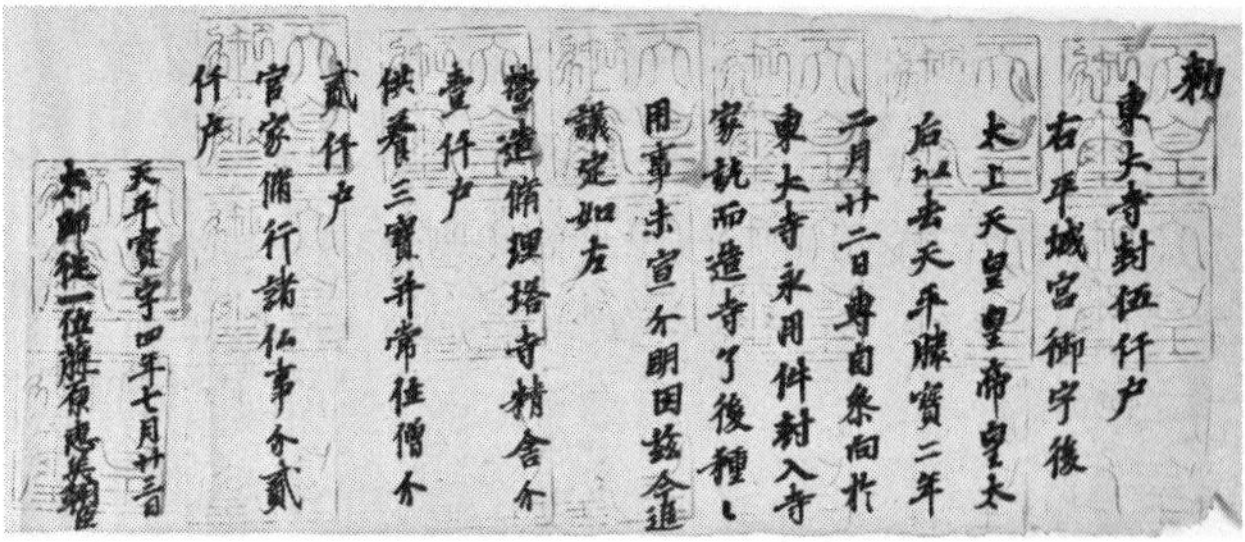
勅
東大寺封伍仟戸
右平城宮御宇後
太上天皇皇帝皇太
后以去天平勝寳二年
二月廿二日専自参向於
東大寺永用件封入寺
家訖而造寺了後種々
用事未宣分明因茲今追
議定如左
営造脩理塔寺精舎分
壹仟戸
供養三寶并常住僧分
貳仟戸
官家脩行諸仏事分貳
仟戸
天平寳字四年七月廿三日
太師従一位藤原恵美朝臣

東大寺封戸処分勅書（とうだいじふこしょぶんちょくしょ）
天平宝字４年（760），藤原仲麻呂自筆．向上心の強さを窺わせる右上がり癖の書体で，全面に御璽を捺す．正倉院宝物

謙譲の美徳を示して、国家の基礎を固められました」（『続日本紀』同前条）と言上していることである。仲麻呂は、孝謙の譲位は皇嗣をもたない女帝の治政を不安視する国民の要望をいれたもので、淳仁への譲位によって国家安泰の道を開いたといっているのである。これは譲位の詔の理由が表面的なものであって、仲麻呂のいうことが本当の孝謙譲位の理由であったことを示している。

仲麻呂政権の確立

淳仁天皇は即位すると、天下を統治するためには賢明で能力のある臣下の補佐が必要であり、そのことによって天下を平安に統治できるとして、藤原仲麻呂との共治を明言している。そして淳仁は仲麻呂が「汎恵《はんけい》の美、斯《これ》より美なるは莫《な》し。今より以後、姓の中に恵美《えみ》の二字を加ふべし。暴を禁《いさ》めて強に勝ち、戈《ほこ》を止めて乱を静む。故に名《なづ》けて押勝《おしかつ》と曰《い》ふ（ひろく恵みを施す美徳はこれよりすぎるものはない。以後は姓に恵美の二字を加え、暴逆な者を止め強敵に勝ち、兵乱を鎮圧したことから押勝と名づける）」（『続日本紀』天平宝字二年八月甲子《きのえね》条）として「藤原恵美朝臣押勝」と名のることを認めている。

そして仲麻呂は待望の大保《だいほう》に任じられている。大保とは右大臣のことで、仲麻呂による唐風改称であった。いよいよ仲麻呂の唐風政策が本格的になってきたのである。太政大臣は大師《だいし》（太師）、左大臣は大傅《だいふ》、太政官は乾政官《けんじょうかん》とし、主要な八省や六衛府、弾正台《だんじょうだい》なども唐風に改称している。八省管理下の寮クラスでは、図書の保管・書写を掌《つかさど》る図書寮と天文・造暦・吉凶を占う陰陽寮《おんようりょう》の二寮だけが改称の対象になっている。幼少から算道を学んで詳しく（関根淳「藤原仲麻呂の算術と政策」）、学問に人一倍関心のあった仲麻呂らしい（榎本淳一「藤原仲麻呂政権における唐文化の受容」）。

ただ、ここで注目すべきは仲麻呂が紫微内相から大保に遷任していることで、これは仲麻呂が紫微中台という令外官《りょうげのかん》（令に規定されていない新しい官職）に依拠して政治を主導していた国家運営を正統な太政官に拠る方式に回帰したことでもある。つまり光明皇太后・仲麻呂体制から淳仁天皇・仲麻呂体制に移行したということである。光明から即位した淳仁に御璽・駅鈴が移譲されたことが証左ともなる。

仲麻呂政権の動揺

天平宝字四年（七六〇）正月、仲麻呂は臣下として初めて大師（太政大臣）に任じられた。

これによって仲麻呂は「位人臣を極める」ことになったが、そこにはすでに仲麻呂政権の綻《ほころ》びがみえ始めていた。それは仲麻呂最大の支持者であって、かつこの頃には乖離的でもあった孝謙太上天皇との間で潤滑油的な役割を果たしていた光明太皇太后がついに同四年六月に亡くなったことである。光明の死は仲麻呂政権には大きな打撃となった。

孝謙と淳仁との対立が決定的となったのは天平宝字五年（七六一）十月からの近江国の保《ほ》良宮《らのみや》（滋賀県大津市国分近辺か）滞在中での出来事で、淳仁がなにやら孝謙に諫言《かんげん》したことに孝謙が激怒したらしい。このことが原因で、平城京にもどった同六年六月になって、孝謙は道鏡《どうきょう》への傾倒もあって出家して仏の弟子になると表明するとともに（佐々田悠「奈良時代の争乱」）、淳仁に対して「恭《うやうや》しく従うことがなく、言ってはならないことを言い、為《な》してはならないことも為してきた。よって淳仁は恒例の祭祀と小さい政事だけを行い、国家の大事と賞罰の二つの大切な事柄は自分が行う」（『続日本紀』天平宝字六年六月庚戌《かのえいぬ》条）と、淳仁からの天皇大権の剝奪を宣言して、孝謙と淳仁の対立は抜き差しならないことになった。

孝謙がこのような行動にでたのは、在位中の橘奈良麻呂のクーデター計画からもわかるように、光明皇太后・仲麻呂の紫微中台を中心とした政権運営と、淳仁・仲麻呂体制下でも独自に天皇権力を打ち立てることができなかった（古市晃「孝謙・称徳天皇」）ことからの反発心があったからだと思う。

しかし、この孝謙の「言ってはならない」「為してはならない」こととは具体的にはなんだろうか。「道鏡伝」（『続日本紀』宝亀三年四月丁巳《ひのとみ》条）には、孝謙の道鏡寵愛《ちょうあい》（第六章に後述）に対して淳仁は常に異を唱えていたとあるから、二人の関係についての諫言であったと思われる。二人に男女の関係があったかどうか真相は不明だが、異常なまでの道鏡への偏愛を危惧しての発言であったことは確かである。

　孝謙は天皇大権の剝奪を宣言したが、これ以降の叙位や人事などを分析すると、以前と変わらず淳仁・仲麻呂によって天皇大権が行使されており、詔勅の多くが御璽を保持する淳仁によって渙発されている実態をみると、この孝謙の宣言は宣言にすぎず有効なものではなかった（木本「孝謙太上天皇・淳仁天皇の帝権分離について」）。

　ただ、孝謙と淳仁の決定的な対立は政情に大きな影響を与えたに違いない。またこの月内に後宮から仲麻呂を支えていた妻の袁比良売《おひらめ》（宇比良古《ういらこ》とも。房前の娘）が没し（遠藤慶太「尚侍からみた藤原仲麻呂政権」）、さらに紀飯麻呂や石川年足ら乾政官（太政官）の枢要な公卿が亡くなったことは仲麻呂にとって痛手となった。この事態をうけて仲麻呂は乾政官の強化をはかり、実弟の巨勢麻呂《こせまろ》、娘婿藤原御楯《みたて》（房前の六男）、二男真先《まさき》に加えて、十二月には参議に三男久須麻呂《くすまろ》・四男朝狩《あさかり》を新たに任命している。

　けれども、こうした仲麻呂の専断的な政権強化策はかえって公卿官人らの反発をかうことになった。天平宝字七年（七六三）四月頃には藤原宿奈麻呂《すくなまろ》（のち良継《よしつぐ》と改名。式家の宇合《うまかい》の二男）が真先らの下におかれたことに憤り、万葉歌人でしられる大伴家持や文人として著名な石上宅嗣らとともに仲麻呂暗殺を謀るという事件が発覚している（中川收「藤原良継の変」）。

藤原仲麻呂政権の崩壊

天平宝字八年（七六四）になると、孝謙太上天皇と淳仁天皇・藤原仲麻呂との対立は激化したようで、九月十一日になって仲麻呂の内乱が勃発《ぼっぱつ》する。それは孝謙が山村王《やまむらおう》（用明天皇《ようめいてんのう》の皇子久米王《くめおう》の後裔）を遣わして淳仁の許にある御璽と駅鈴の奪取をはかったことから始まった。御璽と駅鈴は聖武天皇から光明皇太后の保持を経て即位時に淳仁に受けつがれていたから、孝謙はいまだ御璽などを保持したことがなかった（木本『藤原仲麻呂』）。同六年六月に天皇大権の奪取を宣言したものの目的を達することができなかったことから、天皇大権の命令伝達の正当性を示すために必須の御璽などが必要となったのである（寺崎保広「藤原仲麻呂（恵美押勝）の乱」）。

これを聞いた仲麻呂は久須麻呂らに奪いかえさせようとしたが、孝謙はさらに坂上苅田麻呂《さかのうえのかりたまろ》・牡鹿島足《おしかのしまたり》らを派遣して久須麻呂を射殺した。仲麻呂は再び矢田部老《やたべのおゆ》を遣わして山村王から御璽と駅鈴を取りもどそうとしたが、老は紀船守《ふなもり》に射殺されて御璽と駅鈴は孝謙の手中に落ちた。孝謙は即刻仲麻呂と子・孫の謀反を宣言し、官位と藤原姓の剝奪を命じた。

この経過をみれば、「恵美押勝の内乱」は御璽・駅鈴争奪が発端となって争乱に発展したもので、先に仕掛けたのは孝謙側からであったことがわかる。仲麻呂も九月二日には、畿内周辺の国々から兵士を都に集めて閲兵する都督使《ととくし》を新設し、五日には淳仁の兄である船親王《ふねしんのう》(淳仁の即位により王から親王となった)とともに孝謙の不穏な動向を淳仁に上進して掣肘《せいちゅう》を加えようとしたりして軍事衝突をも意識していたようであるが、いきなり御璽を奪取されるとは思っておらず、機先を制されたのである。緒戦《しょせん》で御璽・駅鈴を失ったことによって孝謙に対する「私的な反乱」と喧伝されたのが仲麻呂敗戦の決定要因となった。

機先を制されて動揺した仲麻呂は急遽《きゅうきょ》一族や党与を集めて、平城京から近江国に脱出する。二〇年も国守を兼任してきた父祖からの基盤国で、自身が新設した豪壮な国庁(平井美典『藤原仲麻呂がつくった壮麗な国庁』)に拠って反攻をはかるつもりであったのだろうが、むしろ平城京内で戦った方がまだ勝てる可能性があったとの指摘もある(角田文衞「恵美押勝の乱」)。

仲麻呂の行動は事前に孝謙側近の吉備真備《きびのまきび》のたてていた軍略によって看破されており(『続日本紀』宝亀六年十月壬戌《みずのえいぬ》条)、急派された日下部子麻呂《くさかべのこまろ》らが勢多橋《せたのはし》(滋賀県大津市)を焼き落としたことで、仲麻呂は近江国庁に入ることができず、また国庁内の仲麻呂派も捕縛されて反攻計画は挫折して、これ以降は逃亡者となってしまった。

仲麻呂の逃亡先は、近江国から北陸道を経て八男辛加知《からかち》が国守の越前国であった。しかし、これも見透かされていて孝謙派は先回りして越前国府を制圧した。これをしらない仲麻呂ら一行は越前を目指して北上するが、その途上の高島郡《たかしまぐん》で運命を暗示するかのように甕《かめ》ほどの大きさの隕石《いんせき》が墜《お》ちたという。御璽を奪取され、淳仁を帯同できなかったから天皇大権に拠ることができずに反乱者となった仲麻呂は、行動をともにしていた氷上塩焼《ひがみのしおやき》（塩焼王。氷上氏を賜姓）を新帝とした旨の文書に携帯していた太政官印を捺《お》して撒き散らし、兵士を徴集しようとしたが大勢を覆《くつがえ》すことができなかった。あくまでも越前逃亡を目的に愛発関《あらちのせき》（福井県敦賀市）を突破しようとしたが、これも先回りしていた物部広成《もののべのひろなり》らの防備によって退却を余儀なくされた。仲麻呂がここまで越前への逃亡に固執したのは、良好な関係にあった渤《ぼっ》海《かい》への亡命を考えてのことからではないかと思う。かつて藤原広嗣は済州島への逃亡をはかったことがあった。越前国加賀郡《かがぐん》の津は渤海との交流の玄関口であった（藤井一二『天平の渤海交流』）。

越前国への行く手をふさがれた仲麻呂一行は来た道をとってかえして高島郡三尾埼《みおのさき》（滋賀県高島市）まで南下してきたところで、追撃してきた孝謙軍の本隊とぶつかり決戦となった。戦いは午前十一時から六時間にもおよび一時は仲麻呂軍が優勢となったが、藤原蔵下麻呂《くらじまろ》（宇合の九男）の率いる援軍が仲麻呂軍の主力であった二男真先を討ったのに乗じて、孝謙軍が反撃に転じて仲麻呂軍は総崩れとなった。船で逃亡をはかった仲麻呂であったが、石村石《いわれのいわ》楯《たて》によって斬殺された。同行の妻子や弟巨勢麻呂、氷上塩焼ら三四人が斬られ、最終的には三七五人が斬刑とされている（『日本後紀《にほんこうき》』延暦《えんりゃく》十八年二月乙未《きのとひつじ》条）。

この争乱は既述してきたように、従来からいわれてきた仲麻呂の一方的な反乱（岸俊男『藤原仲麻呂』）ではない。孝謙側が吉備真備の軍略によって機先を制して御璽・駅鈴を奪取、近江国庁を襲撃し、さらに逃亡を予測して越前国府を制圧していることを考えれば、孝謙が仕掛けたことが明らかである。著者はこのことを長年主張しつづけてきており（木本『藤原仲麻呂政権の基礎的考察』）、その後には軍事的な圧力を加えて政権を維持しようとした仲麻呂に対して、孝謙が仕掛けた乾坤一擲《けんこんいってき》の「反乱」が仲麻呂の乱で（松尾光「藤原仲麻呂の乱」）、太上天皇が仕掛けて天皇を廃位にして、権力者を倒して皇位を簒奪《さんだつ》した（中西康裕『続日本紀と奈良朝の政変』）、実際には孝謙側のクーデターと評した方が正しい（春名宏昭『〈謀反〉の古代史』）などとする理解が定着してきている。「藤原仲麻呂（恵美押勝）の乱」ではなく、「内乱」と規定する理由がここにある。

天皇大権を欲した孝謙と、淳仁の許で権力をふるう仲麻呂、この内乱は草壁嫡系皇統を標榜して（瀧浪貞子「孝謙女帝の皇統意識」）王権を固守しようとする天皇権力と、律令制にもとづく官僚制国家を志向する専権貴族との政治権力闘争であったと規定することができる。『続日本紀』で一方的に仲麻呂が反逆者とされたのには、勝者である孝謙側の資料しかなかったこともあるが、編纂時の桓武天皇《かんむてんのう》の皇位が、孝謙が重祚《ちょうそ》（再度の即位）した称徳天皇《しょうとくてんのう》から父光仁天皇《こうにんてんのう》に、そして自身に継承されてきたものであり、孝謙が権力闘争のうえで淳仁から簒奪したものであるとすると、自身の皇位も正統性をもたないことになるからであった。

仲麻呂政権の政策

仲麻呂政権の諸政策は、律令制を基調としたうえで、前述したように唐制を模範とした儒教による徳治政策であったといわれてきた。既述以外の主要な政策を簡潔に紹介してみよう。

(1)民政

問民苦使《もみくし》は、天平宝字二年（七五八）正月に庶民の貧窮と疾病などを巡問、救済しようとして派遣されたものである。唐太宗の貞観《じょうがん》八年（六三四）正月に派遣された観風俗使《かんふうぞくし》に範をとったもので（瀧川政次郎「問民苦使考」）、東海東山道使の藤原浄弁《じょうべん》（仲麻呂の三男で、改名後は久須麻呂）が口分田《くぶんでん》の洪水による荒廃を防ぐために下総国結城郡《ゆうきぐん》から常陸国新治郡《にいはりぐん》にかけての毛野川《けぬがわ》（現在の鬼怒川《きぬがわ》）の掘防工事の必要を提言している。また西海道使による庶民の疾苦二九件は大宰府に命じて処理させている。

平準署《へいじゅんしょ》は、天平宝字三年（七五九）五月にやはり唐制にならって創設された庸調運脚夫の苦難を救済するために新設された官司である。すでに和銅五年（七一二）頃から問題化していたが、庸調を平城京に運搬する運脚夫の苦難は大きく、帰省する還脚においては持参の食料も乏しくなって飢死や病死する者が多数にのぼった。この運脚が滞れば国家財政が破綻《はたん》しかねないから律令国家にとっては重要な政治課題であった。

仲麻呂はこの解決のために、官稲《かんとう》（租税として納められた稲）をだしあって穀蔵である常《じょう》平倉《へいそう》を設けて貯穀し、穀価の高下に従って売買してえた差額の利益を運脚夫の食糧に充てるための平準署を創設したのであった。また、この頃には京中の米価高騰が激しくインフレ状態になっていたことから米価を調整する経済的な効果もあった。

(2)仏教政策

為政者にとって政治や経済などとともに重要な施策が仏教政策であった。なんといっても平城京には東大寺をはじめとする大寺があり、多くの荘園を所有して影響が大きかったから政治的な対応が必至であった。令制では治部省《じぶしょう》下の玄蕃寮《げんばりょう》が監督することになっていたが、一方で僧綱《そうごう》という僧正《そうじょう》・僧都《そうず》・律師《りっし》から成る僧尼を統轄する組織も存在した。仲麻呂は対仏教政策を主に僧綱を通じて実施したが、その僧綱の中心にいたのが唐から来日した鑑真《がんじん》(鑑真)であった。

天平勝宝八歳(七五六)五月になって鑑真と良弁《ろうべん》を大僧都に、慈訓《じきん》を少僧都、法進《ほっしん》・慶俊《きょうしゅん》ら律師を加えた新しい僧綱が構成された。これは東大寺造営という国家的事業後の仏教バブルといってもよい乱脈な状況を改革しようとする仲麻呂の方針をうけたもので、任用された僧は戒律を重視する仏教界の粛正派であった。

仲麻呂は、天平宝字四年(七六〇)七月に仏教界の本格な制度改革に着手する。僧らの修行を勧めるために四位一三階の僧位制度を創設している。四位一三階とは、伝灯《でんとう》・修行《しゅぎょう》・誦持《じゅじ》の三系列を、それぞれ入位《にゅうい》・住位《じゅうい》・満位《まんい》・法師位《ほっしい》の四位に分けて一二階とし、それらの上に大法師位をおいたもので、僧尼をも官人と同じように階位で把握しようとしたものである。また経済的には同四年正月に巡察使を派遣して大寺の荘園を強硬手段で収公のうえ口分田として班給、各寺への資財帳の提出を義務化し、寺家の経済を管理するようにしている。

このように仲麻呂の仏教政策は、鑑真ら粛正派僧らを僧綱に登用し、堕落化傾向にあった僧侶の身分秩序を厳しく保つなど「僧尼令」に規定した秩序による律令制的な仏教統制であった（中川修「藤原仲麻呂と養老僧尼令」）。

仲麻呂の仏教政策に積極的に協力したのが、ほかならぬ鑑真であった。仲麻呂と鑑真、いままでこの二人の関係について詳細に論及したものはなかった。逆賊とされてきた仲麻呂と正統な仏教を伝えた鑑真、「悪い者」と「良い者」と相反する評価の二人の関係をあらためて論じることは考えられてこなかったし、まさか二人が互いに信頼し依拠する関係であったなどとは毛頭思いもつかないことであった。

しかし、丁寧に史料を検証すると、意外な個人的関係を確認することができる。そのことを示す一つが鑑真の写経に仲麻呂が助力していることである。天平勝宝六年（七五四）三月、鑑真は華厳経《けごんきょう》などの写経を行っていたが、十一月には仲麻呂が大量の紙や筆・墨を援助したことが正倉院に残る古文書にみえる。このことは仲麻呂以外には確認されていない。

また鑑真は、天平宝字三年（七五九）八月に唐招提寺《とうしょうだいじ》を建立することになるが、仲麻呂は僧侶が食事をする食堂《じきどう》を施入（仏に物品を捧げること）している。そして講堂の瓦《かわら》のなかには仲麻呂の私邸である田村第と同笵《どうはん》（同じ模様）のものがあり、私宅用の瓦を提供するなど唐招提寺造営に尽力をしていたことがわかる。この二人の良好な関係は、自分の仏教の弘布《ぐふ》（広めること）を願う鑑真と、紊乱《びんらん》していた仏教界の粛正を思っていた仲麻呂の利害が一致したということにある。

(3)保良宮の造営

天平宝字三年（七五九）十一月から保良宮が平城京の陪都《ばいと》（国都に準じる都）として造営された。これは唐の玄宗が天宝元年（七四二）に北都太原府《たいげんふ》を北京《ほっきょう》と改称して陪都としたのを参考に、仲麻呂が父祖以来の基盤国である近江国に都を造営することによってより権勢を誇ろうとしたものであった（瀧川政次郎「保良京考」）。同五年十月には保良宮への遷都を宣言、北京と称して諸殿舎の造営を急いでいたが、やがて孝謙太上天皇と淳仁天皇の対立から平城京に還《かえ》ることになって宮都の存在を失った。所在については未発掘で不詳だが滋賀県大津市国分《こくぶ》付近とされる。

(4)対外政策

仲麻呂政権下での唐国との外交関係は低調であった。天平勝宝四年（七五二）閏三月、遣唐大使藤原清河《きよかわ》、副使大伴古麻呂らが入唐《にっとう》し、同五年十二月に古麻呂は鑑真をともなって帰国したが、大使の清河は帰国が叶わず、それ以来清河の帰国が政府の課題となった。天平宝字三年（七五九）正月になって、清河を迎えるための迎入唐大使使《げいにっとうたいしし》に任じられた高元度《こうげんど》が入唐して皇帝に清河の帰国を願いでたが許されることなく、元度は送使沈惟岳《しんいがく》らに送られて同五年八月になって帰国した。同六年正月頃には惟岳らの帰国送使の遣唐使派遣が検討されたが、遣唐使船が難波《なにわ》で破損するなどして八月になって派遣の中止が決定され、惟岳らは帰国できずに、宝亀十一年（七八〇）十二月になって清海宿禰《きよみのすくね》を賜姓して帰化している。清河も帰国することができず、異国に没している。

新羅に関しては、天平宝字四年（七六〇）九月には金貞巻《こんじょうかん》らの新羅使の来日があったが、白村江《はくそんこう》の敗戦以来の宿願である新羅征討計画を王権の総意としてすすめていた（河内春人「詔勅・処分にみる新羅観と新羅征討政策」）ことから放還している。同五年十一月には東海道・南海道・西海道の節度使を任命して、武具の製作や兵船の徴発、兵士の動員・訓練など準備がすすめられ、関東以南の国々から兵船三九三、兵士四万人、水手《かこ》（船乗り）一万七〇〇〇人の動員計画がたてられた（五十嵐基善「新羅征討計画における軍事力動員の特質」）。

天平宝字六年（七六二）十月になると、このような状況のなかで渤海使王新福《おうしんぷく》らが来日した。新羅征討を念頭に東アジアの情勢が分析されて、渤海との対応を含めて仲麻呂は行動に移る時期を慎重にはかっていたのであろう。同七年二月に新羅使金体信《こんていしん》らの使節が来日した。体信らの来日は、新羅進攻に関しての外交交渉が目的であったに違いない。新羅進攻をめぐっては渤海使や新羅使が来日し、遣唐使沈惟岳も滞在していたから日本だけの問題ではなく、広く東アジアをめぐる国際的な外交上の駆け引きが行われていたのである。

ところが八月になると不作から餓死者が多くでたことで山陽・南海道節度使が停止され、その後に西海道節度使も、つづいて同八年七月には東海道節度使も停止となって仲麻呂の新羅征討計画は頓挫《とんざ》した。もうこの頃の仲麻呂には孝謙太上天皇らとの権力をめぐる闘争が先鋭化していたから新羅征討計画をすすめることは無理であった。

渤海との関係は良好で、新羅挟撃のことから日渤関係を重視して天平宝字二年（七五八）二月には渤海使に小野田守《おののたもり》を任命している（酒寄雅志「八世紀における日本の外交と東アジアの情勢」）。田守は遣新羅大使を経験していて新羅の政情に通じていたことからの選任であった（石井正敏『日本渤海関係史の研究』）。田守は九月になって渤海大使楊承慶《ようしょうけい》ら二三人をともない帰国、唐国内の内乱状況が報告されて、新羅征討の意志を固めつつあった仲麻呂にとって朗報となった。つづいて天平宝字三年十二月には渤海使高南申《こうなんしん》らが入京し、同四年二月に陽侯玲璆《やこのりょうぐ》を南申の送使として渤海に派遣し、同五年十月にも高麗大山《こまのおおやま》を遣高麗使《けんこうらいし》に任命している。さらに同六年閏十二月には高麗使王新福も入京するなど緊密な外交関係にあった（浜田久美子「藤原仲麻呂と「高麗」」）。

(5)その他の諸施策

東北経略は、橘奈良麻呂の変の鎮圧が契機となって、天平宝字元年（七五七）七月に藤原朝狩を陸奥守、そして陸奥出羽按察使《あぜち》・鎮守将軍に任じて本格的に始まった。陸奥国桃生《もむのふ》（宮城県石巻市）・出羽国雄勝《おがち》両城を造営、同三年九月になると、出羽国に雄勝・平鹿《ひらか》二郡を建郡し、玉野《たまの》駅（山形県尾花沢市）など六駅をおいて父武智麻呂政権時に計画されていた陸奥と出羽間の連絡路の完成を目指している。

加えて陸奥国多賀城（宮城県多賀城市）の修造も行われて、天平宝字六年（七六二）十二月に五年間東北経略を担ってきた朝狩は参議となって帰京することになるが、朝狩には新羅征討のための進攻渡海が期待されていたとの見解もある（柳澤和明「多賀城碑建立と新羅侵攻計画の関連性」）。朝狩は多賀城の大規模修造の完成を記念して一四〇字ほどを刻んだ石碑「多賀城碑」を多賀城の四至《しし》（四方の境界）に建立したが、西碑だけがいまに残る。

天平宝字二年（七五八）九月、国司交替の事務引き継ぎに期限が決められていなかったのを遷任の太政官符到着後から一二〇日以内に終えて帰京すること、違反した場合には新任職を解任することが命じられている。翌十月には役人は国民統治の根本であり、四年で頻繁に遷任すると国民は不安になるが、長く在任すると安心して生業に励むようになり、交替のための費用も節減されることから任期を六年に延長している。ただ長く在任することからの不正を防ぐために、三年ごとに巡察使を派遣して監察することにしている。

天平宝字四年（七六〇）三月、私鋳銭《しじゅせん》（贋金《にせがね》）が流通貨幣の半分にもなったことから金銭（開基勝宝《かいきしょうほう》）・銀銭（大平元宝《たいへいげんぽう》）・銅銭（万年通宝《まんねんつうほう》）の新貨幣を鋳造して、混乱を避けることからも旧銭の和同銭と共用することにしている。金・銀・銅銭の価値は各一〇倍で、新銅銭万年通宝と旧銭との交換比率も一対一〇であった。これは唐の乾元《けんげん》元年（七五八）七月に乾元《けんげん》重宝《ちょうほう》が鋳造されて、旧来の開元通宝と一対一〇の交換比率で流通させていた（『旧唐書《くとうじょ》』巻十）のに準じたのであろうが、いずれにしても金銭発行は唐のみであったから文化的に成熟した国家を示そうとしたものであった。

『藤氏家伝《とうしかでん》』は、藤原鎌足の伝記「鎌足伝（付「貞慧《じょうえ》伝」）」と藤原武智麻呂の伝記「武智麻呂伝」二編から成っていて、七〜八世紀の藤原氏をめぐる歴史をしるうえで貴重な史料。成立は天平宝字四年（七六〇）頃といわれている。「鎌足伝」は藤原仲麻呂が『日本書紀』を参考に記しているが、『日本書紀』にはみえない記事もあることから藤原氏に独自に伝わる史料をも用いて、『漢書《かんじょ》』（前漢の正史）の影響をうけているといわれる。「武智麻呂伝」は、仲麻呂と親しい家僧ともされる延慶《えんきょう》が記している。この『藤氏家伝』の編纂を主導したのはもちろん仲麻呂で、仲麻呂の国史編纂への意欲と祖先顕彰の意図に発しているとされる（佐藤信「『家伝』と藤原仲麻呂」）。

第六章　異形の仏教政治

1　称徳天皇の重祚

重祚と道鏡の大臣禅師

天平宝字八年（七六四）九月十八日になって、石村石楯《いわれのいわたて》によって斬殺された藤原仲麻呂《ふじわらのなかまろ》の首が平城京にもたらされ、二十日になると仲麻呂討伐の総師であった討賊将軍の藤原蔵下麻呂《くらじまろ》らも凱旋《がいせん》した。この時に孝謙太上天皇《こうけんだいじょうてんのう》は「内乱」の終息を宣言したが、ここで自身は剃髪《ていはつ》して袈裟《けさ》を着ているが国家の政治を行わないでいることはできないし、「天皇が出家をしている時代には出家している大臣もあってよい」（『続日本紀』天平宝字八年九月甲寅《きのえとら》条）として、僧の道鏡を大臣禅師《だいじんぜんし》に任じると明言した。ここに剃髪して袈裟を着け僧侶の姿をした女帝による異形の政治が行われることになった（勝浦令子『孝謙・称徳天皇』）。

また仲麻呂によって大宰員外帥に降格されていた藤原豊成《とよなり》を右大臣に再任して国政への復

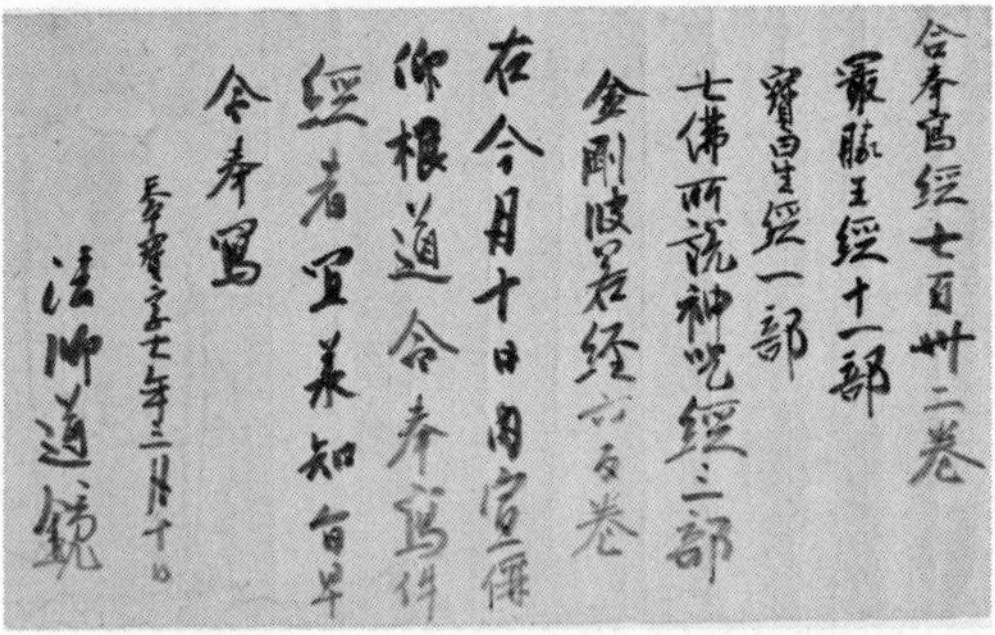

法師道鏡牒（ほっしどうきょうのちょう）　天平宝字７年（763），道鏡自筆．奔放な筆致で金剛般若経などの写経を命じた文書．正倉院宝物

帰を命じている。これは孝謙と道鏡による政治体制が成立したものの、これを支える人的機構がなく、朝廷を構成する公卿や政務を施行する官人らに背かれると崩壊しかねない危険性をはらんでいたからである。そして、十月七日になって七七人への叙位が行われているが、これは仲麻呂の内乱での最大規模の論功行賞で、貴族官人らを懐柔するものであった。

孝謙は、まず仲麻呂政権崩壊をうけて新政権を構築しなければならなかったが、なによりも公卿官人らの信頼をえる必要があった。そのために孝謙は戦闘の端緒となった九月十一日より都合一一回もの叙位を乱発している（渡辺直彦『日本古代官位制度の基礎的研究』）。九月十一日の昇叙者は、御璽・駅鈴奪取の緒戦に活躍した当初から仲麻呂打倒に参画していた側近たちで、翌十二日以降の昇叙者は仲麻呂が近江国に逃亡した後から孝謙側に立った者たちで、十一日の一三人の平均加階幅は六階、十二日の一六人の一・八階よりも断然大きく、孝謙のなかで評価が厳然と区別されていた。

孝謙が道鏡を大臣禅師に任命したことは、道鏡とともに国政をすすめるということを意味している。しかし、それには淳仁天皇《じゅんにんてんのう》の存在が邪魔であった。十月九日、称徳天皇《しょうとくてんのう》（孝謙の重祚《ちょうそ》により称徳と記す）は、和気王《わけおう》（舎人親王《とねりしんのう》王子御原王《みはらおう》の子）らに数百の兵士を率いさせて淳仁の住む中宮院《ちゅうぐういん》を囲ませた。護衛の者たちにも逃げられた淳仁は突然のことで衣服も十分に身に着けることもできずに、図書寮西北の地に連行され、帝位を剥奪のうえ親王に貶《おと》して淡路国《あわじのくに》に追放すると告げられた。淳仁が六〇〇〇の兵士を動員のうえ、称徳の殺害を謀ったということが理由であったが、そこで称徳はかつて父帝聖武《しょうむ》が自分への譲位時に「王を奴《やっこ》と成すとも、奴を王と云《い》ふとも、汝《なんじ》の為《せ》むまにまに（王を奴にしても、奴を王にしても、自分のしたいように）」といわれたことがあると淳仁の廃帝を正当化しているが、真実であるかどうか疑わしい。

文武《もんむ》・聖武両天皇を経て受けつがれてきた草壁《くさかべ》直系皇統は、断絶の危機に瀕していた。称徳による淳仁（舎人親王王子）の廃位は、淳仁という男帝を立てることで辛うじて天武皇統の存続をはかった光明皇太后《こうみょうこうたいごう》の構想を、私的な権勢欲によって台無しにした愚行と断じることができる。のちに詳述するが、称徳が皇嗣を決めることなく没したことで、このことが結局は藤原永手《ながて》や藤原良継《よしつぐ》らの公卿による天智天皇《てんじてんのう》皇孫の光仁天皇《こうにんてんのう》の擁立につながり、称徳がなによりも在位の拠りどころとした草壁皇統とはまったく血縁のない桓武天皇の即位によって、天武皇統は潰《つい》えることになるのである。

淳仁廃帝の復位運動

淳仁廃帝は、図書寮から平城宮東南にある小子部門《ちいさこべもん》から出て馬に載せられて、藤原蔵下麻呂らによって淡路国に衛送され、国府の一院に幽閉された。しかし、称徳天皇はこれで安心したわけではなく、淡路守に佐伯助《さえきのたすく》を任じて淳仁の行動を監視することを命じるとともに、周辺国の摂津大夫・亮《すけ》、播磨守・介、和泉守、阿波守を信頼する官人に改任して淡路国での淳仁の動向に備えさせている。

いつ称徳天皇が重祚したのかははっきりしないが、淳仁の廃位を宣言した天平宝字八年（七六四）十月九日であったはずである。ただ三二歳の男帝が追放されて、四七歳というけっして若くはない独身女帝が重祚したことは、皇位継承に関するさまざまな動きの要因となって（佐藤信「律令国家と天平文化」）、公卿官人らはそれぞれに皇太子の擁立を模索して政治の動揺が広がり、これに道鏡という例のない僧侶の政治的重用が拍車をかけることになった。

称徳はこのような政治混乱の鎮静化に必死になっている。十月十四日には、「国家を鎮め国民の安穏のためには皇太子を定めるべきだが、たとえ良いと思った人間であっても、天が皇位を授けるべきことを許した者でなければのちに破綻してしまうので今は決めないでいるのであって、自分で皇位を独り占めにしたいためではない。よって贔屓《ひいき》の者を擁立して自分の功績のために皇位を狙《ねら》って密かに互いに誘い勧めるようなことをしてはならない」（『続日本紀』天平宝字八年十月丁丑《ひのとうし》条）と公卿官人らの動向を制止している。

しかし、称徳の思惑とは違って皇嗣をめぐっての行動は収まることはなく、翌年の天平《てんぴょう》神護《じんご》元年（七六五）三月になって、再び「公卿らが自分の欲や功績を求めて皇太子を立てようとしているが、このようなことを誘うことなく、また誘われることもないように明るく清い心で仕えるように」と厳命している。そして、不穏な王臣の動向に対処して、自邸で所有している兵器のすべてを朝廷に納めさせるとともに、諸国の有力者を資人《しにん》（従者）に採用するのを禁じるといった王臣抑制の処分をとっている。

だが、このような称徳の思いに反して、「復有《また》る人は、淡路に侍《はべ》り坐《ま》す人を率《い》て来て、さらに帝《みかど》と立てて天下を治めしめむと念《おも》ひて（またある人は淡路国にいる淳仁の復位をはかっている）」とみえるように、淳仁の復位運動がみられるようになっていた。称徳は、このような動向に対して「淳仁は志が愚かで、心も良くなく天下を治めるにたりないだけでなく、逆悪な藤原仲麻呂とともに朝廷に叛《そむ》いた者でもあるので、復位運動など止《や》めよ」（『続日本紀』天平神護元年三月丙申《ひのえさる》条）と申し渡している。

淳仁の淡路国追放後のことについては、淡路国で没した事実が記述されることはあっても、いままで復位運動とそれへの称徳の対応についてはまったく触れられたことがないから、少し述べてみよう。淳仁の復位運動は、淡路国への追放直後から始まったらしい。天皇として六年間は天皇大権を行使していた淳仁にはそれなりの存在感があって、いまだ称徳の重祚に納得せず、淳仁の復位を主張する政治勢力があったわけである。このことは称徳の即位が正当性をもつものではなかったことを暗示しており、仲麻呂との戦いは反乱ではなくて著者の権力闘争の「内乱」との主張を傍証するものである。

復位運動の具体的な内容については、称徳が淡路守佐伯助に対して下した命令を記す『続日本紀』天平神護元年（七六五）二月乙亥《きのとい》条に、「淡路国に配流した淳仁はすでに逃亡したらしいとの風聞がある。もし、事実であれば、なぜ報告しないのか、汝には朕の意中を理解させたうえで淡路守に任じて監視させているのであるから実情を早く報告せよ。また多くの諸人が商人と偽って淡路国の淳仁の許《もと》に行っている。国司がしらずに群れとなっていると聞いている。今後は一切禁止するように」とみえている。

この事実から推察すると、多くの諸人が商人と偽って淳仁の許に行っているが、これらの者は前出の淳仁復位を願う官人たちであって、平城京の動向報告や復位への具体的な計画を相談するためであったと推考される。佐伯助らが淳仁の行動や訪問者をしらなかったわけがない。助は称徳から監視の命をうけていながら、このような風聞が平城京の称徳の耳に入るまで対処しなかった。助も皇位にあった淳仁への遠慮があって看過していたのであろうが、このような対応を称徳から厳しく追及されたのである。

そして、天平神護元年（七六五）十月二十二日、「淡路公、幽憤に勝《た》へず、垣を踰《こ》えて逃ぐ。守《かみ》佐伯宿禰《すくね》助、掾高屋連並木《じょうたかやのむらじなみき》ら兵を率ゐてこれを邀《さきき》る。公還《かえ》りて明くる日に院中に薨《こう》しぬ（淳仁は幽閉された憤りに我慢できずに垣根を越えて逃走した。国守の佐伯助と掾の高屋並木らが兵士を率いて待ちうけて逃走を阻止した。淳仁は連れもどされた翌日に国庁の一郭で没した）」（『続日本紀』天平神護元年十月庚辰《かのえたつ》条）とあるように淳仁は殺害された。称徳からの指示による暗殺の可能性があるが（直木孝次郎「淡路廃帝淳仁の死をめぐって」）、二月に淳仁への緩怠な対応を叱責《しっせき》されるとともに厳格な措置を迫られていた佐伯助らが、淳仁の死をも前提のうえで対処したことは確かなことであろう（木本「淳仁廃帝の反攻試論」）。

ちょうど淳仁が没した頃、称徳は身の安全と皇統の安泰を祈るために紀伊国玉津島《きいのくにたまつしま》（和歌山県和歌山市和歌浦）への行幸途中であった。この行幸にあたっては、天平十二年（七四〇）十月の藤原広嗣の乱時の伊勢行幸に聖武天皇が任命した以降は例のない御前騎兵司《みさきのきひょうのつかさ》・御《み》後騎兵司《あとのきひょうのつかさ》（行列の前後を警固する役職）をとくに任命するという武威的なものであったことから、淡路国の淳仁に精神的圧迫を加えることを意図としていたとの指摘がある。称徳は、紀伊国から帰途の天平神護元年（七六五）十月二十六日に和泉国日根郡深日行宮《ひねぐんふけひのあんぐう》（大阪府岬町深日）にいたったが、『続日本紀』同年十月甲申《きのえさる》条には、「突然に西方が暗くなって、普段とは異なる風が吹き雨も降った」と記されている。深日は紀淡《きたん》海峡をはさんで西方に淡路島は間近である。この記事は淳仁の怨念《おんねん》を暗示するものであり、正史にみえる初めての怨霊を物語る記事であることが注目される（木本「『続日本紀』天平神護元年十月甲申条をめぐって」）。

和気王の謀反

称徳天皇の皇嗣をめぐる王臣を巻きこんだ混乱は、淳仁廃帝の復位運動だけではなかった。天平神護元年（七六五）八月に和気王による謀反《むへん》事件も起きている。和気王は、前述のように淳仁を拘束した称徳の側近で参議・兵部卿の要職にあった。この時には皇太子も決まっていなかったこともあって、密かに皇位を望んで霊媒・祈禱者《きとうしゃ》として寵愛していた紀益女《きのますめ》に称徳を呪詛《じゅそ》させたのである。和気王謀反の決定的な証拠となった祖父舎人親王の霊に祈願した文書には、「尊い先祖（舎人）の霊の子孫で藤原仲麻呂の内乱のために遠方に配流になっている人たちを平城京に呼びかえして臣下にもどします。また自分には仇敵《きゅうてき》の男女二人（称徳・道鏡）がいるが、この二人を殺して欲しい」（『続日本紀』天平神護元年八月庚申《かのえさる》条）とあった。

しかし謀反《むへん》は発覚して、和気王はその夜に逃亡して率川社《いさかわしゃ》（奈良県奈良市）に隠れていたところを捕らえられ、伊豆国への配流に処せられることになったが、悲惨な末路が待っていた。伊豆国への送致の途中、大和国を出て木津川を渡ってすぐの山背国相楽郡《さがらかぐん》（京都府相楽郡）で絞殺され、近くの狛野《こまの》に埋められたのである。また益女も同国綴喜郡松井村《つづきぐんまついむら》（同府京田辺市松井か）で絞殺された。伊豆国への配流に決まっていたにもかかわらず、大和国を出てすぐに絞殺しているが、これは称徳の命令であろう。それだけ称徳の和気王への怒りが尋常なことではなかったのであろうが、あまりにもヒステリックな行動といえる。このことを思えば、淳仁の暗殺もありえる。

また和気王と親しい間柄で謀反に加担していた粟田道麻呂《あわたのみちまろ》、大津大浦《おおつのおおうら》、石川永年《いしかわのながとし》らは、道鏡が「惑っている彼らを教導して正しく清い心で朝廷に仕えることにさせましょう」と寛大な措置を進言したというので現職の解任で済ますことにしている。これは道鏡への貴族官人層の敵対意識を有和《ゆうわ》させようとした称徳の意向で行われた策略であろう（中川收「天平神護元年における和気王の謀叛」）。一〇日余り後に道麻呂は飛騨《ひだ》員外介、大浦は日向守、永年は隠伎《おき》員外介に左遷されているが、のちに道麻呂は夫婦ともに死に追いこまれ、永年も任地で自死している。

粟田道麻呂は参議・近衛員外中将・勅旨《ちょくし》員外大輔《いんがいのたいふ》・式部大輔、大津大浦は兵部大輔、石川永年は式部員外少輔の要職に在職し、ことに道麻呂は称徳の軍事力の基盤官司である近衛府、天皇個人の財産管理や物品の調達を行う勅旨省《ちょくししょう》（角田文衞「勅旨省と勅旨所」）や八省のなかでも枢要官司である式部省の、それぞれの次官職を兼任している称徳の側近であった。その道麻呂が反旗を翻《ひるがえ》したことは、称徳と道鏡の政治に不満をいだく王臣が多くいたことを想像させるとともに、和気王を配流途中で謀殺するという異常な行為も、それだけに称徳が皇嗣問題に神経質になっていた事実を示している。

2 仏教政治への反発

道鏡、太政大臣禅師となる

天平神護元年（七六五）十月、称徳天皇は弓削《ゆげ》氏（道鏡出自）の氏寺である河内国の弓削《ゆげ》寺《でら》に行幸している。そして閏十月には王臣たちに向かって、「道鏡は自分の師であっていつも守り助けてくれるだけでなく、在家者・出家者の区別なく人々を慈《いつく》しみ愛したうえで朝廷に仕えさせたいと勧め導いている。このことをみると、太政大臣となってもその職責を果たすことができると判断して太政大臣禅師《だいじょうだいじんぜんし》に任命する」（『続日本紀』天平神護元年閏十月庚寅《かのえとら》条）との詔《みことのり》を渙発《かんぱつ》している。ただ、このことを道鏡に事前にしらせると辞退するであろうから道鏡本人にはしらせないで命令を伝えるとも発言している。この辞退することを事前に封じた言辞は貴族官人の反発から道鏡をかばう称徳の配慮で、このたびの行幸も道鏡出自の弓削で太政大臣禅師を授けることに目的があった。

そして、文武の官人らに道鏡を礼拝《らいはい》させ、つづいて弓削寺の仏像を礼拝している。さらに僧侶らをはじめすべての官人、雑役に奉仕する者や物資運搬に動員された人夫にまで物品を支給している。また、内竪《ないじゅ》（内豎とも。天皇に近侍して勅命の宣伝や雑役に奉仕した者）や衛府の者にも新銭の神功開宝《じんぐうかいほう》を賜与している。それだけではない。行幸した河内国と近隣の和泉国司や軍毅《ぐんぎ》（軍団の長官・次官）らを昇叙し、両国の調を免除するとともに、弓削寺の所在する河内国若江郡《わかえぐん》と隣接する大県郡《おおかたぐん》と和泉国の三郡には田租まで免除している。帰京すると、留守の官人すべての者に道鏡を礼拝させ、行幸に従っていた三〇〇人余にも昇叙した。

王臣から始まって国司・郡司や人夫・庶民にいたるまでの大盤振舞《おおばんぶるまい》である。それだけ称徳が道鏡の太政大臣禅師就任への祝賀の気持ちを表したかったこともあろうが、すべての官人らにまで物品を賜与していることは、道鏡の太政大臣禅師任官という国が肇《はじ》まって以来なかったことに反発する官人らの懐柔であったことは間違いない。ここに称徳天皇・太政大臣禅師道鏡との政権が確立し、本格的な仏教政治が志向され徹底化されたことを思わせる。

称徳天皇と道鏡の仏教政治

称徳天皇の仏教にもとづく政治は、早くも天平神護元年（七六五）十一月に行われた大《だい》嘗会《じょうえ》（即位礼として初めて新穀を神々に献上する重要な儀式）に現出してきている。称徳は、自分は仏の弟子として第一に仏に仕えて、次に天《あま》つ神（記紀神話でいう高天原《たかまがはら》にいて日本国土に降臨した神やその子孫の神）の社《やしろ》、国《くに》つ神（天つ神降臨以前からの土地を守護する神）の社の神々を敬い、王臣や国民を憐《あわ》れみ慈しみたいと思って再び天下を治めるのであると公言している。そして、いままで人々は仏を神々から離れたものと思っているが、仏法を護《まも》り尊ぶのが諸神であるので、今回の大嘗会の行事には僧も参加させると宣言している。

このことで称徳が仏教を深く信仰して、仏法を諸神の上において、諸神は仏法を守護する存在であるとする仏法至上の思想をもっていることがわかり、この思想によって即位にともなう天皇一代の神事である大嘗会に僧侶を介入させているのである。過去に例をみない、伝統神事を損なう驚くべき行為であった。

さらに翌天平神護二年(七六六)四月には、仏教に帰依して、行道《ぎょうどう》(読経しながら仏の周りを回る)懺悔《ざんげ》しており、そこで犯罪者の罪を許すのも聖君の行為だとして大赦を行っている。そして七月には使者を派遣して、伊勢神宮の神域にある大神宮寺《だいじんぐうじ》に一丈六尺(約四・八五メートル)の仏像を造らせている。この大神宮寺は聖武天皇の発願《ほつがん》によって建立されたと伝えられているが、ここであらためて天皇家の祖先神である天照大神《あまてらすおおみかみ》を祀る伊勢神宮内の大神宮寺に仏像の造立を命じたことは称徳の仏教への帰依もここに極まったというべきであろう。

また次項でも述べるように、海龍王寺《かいりゅうおうじ》で仏舎利《ぶっしゃり》(釈迦《しゃか》の遺骨)がみつかっているが、これは仏道を求め帰依したからのことであって、善政に対するめでたい徴証であるといっている。そして六位以下の位階をもつ中央、地方官人全員に一階の昇叙を行っているが、ここにも称徳の仏教を根本とする政治姿勢をみることができる。

では、称徳と道鏡が仏教政策としてどのようなことを具体的に行ったかというと史料は乏しく、天平神護二年（七六六）八月に国分寺の朽壊したものには造寺料稲《ぞうじりょうとう》で修理すること、神護景雲《じんごけいうん》元年（七六七）十一月に寺田稲（寺院所有の水田から収穫した稲）を国分僧尼寺の斎会料《さいえりょう》に充てることの勅がみえる（『類聚三代格《るいじゅさんだいきゃく》』巻三）などくらいである。ただ、天平宝字八年（七六四）九月には東大寺に対応した西大寺《さいだいじ》の創建が始められている。これについては『続日本紀』に「道鏡は権力を恣《ほしいまま》にして、軽々しく力役を徴発して伽藍《がらん》を修繕させた。そのために公私ともに疲弊して国費は不足がちになった」（宝亀元年八月丙午《ひのえうま》条）とあるように、西大寺をはじめ多くの伽藍の創建と修繕によって国家財政は窮乏したようである。

道鏡の法王就任

称徳天皇と太政大臣禅師道鏡による政治体制は、天平神護二年（七六六）十月に大きく変化する。平城宮東方にある海龍王寺の毘沙門像《びしゃもんぞう》から仏舎利三粒がみつかったことが契機になった。これは道鏡の意図からでた芝居であったことは確かで（坂本太郎『日本全史』2）、それをうけて称徳が決意したのであろう（中川收「称徳・道鏡政権の構造とその展開」）。仏舎利がみつかると、称徳は主典《さかん》以上の官人に礼拝させて、「仏法を至誠の心で礼拝すれば、このたびのように仏舎利という珍しいものが出現する。このような不思議な尊いものが現れたのは、道鏡が道理にしたがって諸々の法師を統率して政事を勧め行わせて教え導いているからである。よって道鏡に法王《ほうおう》の位を授ける」（『続日本紀』天平神護二年十月壬寅《みずのえとら》条）と宣言した。二人は仏教を介して強固な関係にあった（山本幸男「孝謙太上天皇と道鏡」）。

けれども道鏡の法王就任は、太政大臣禅師の任命でさえ貴族官人の反発をかっていたから、さらなる反発の激化が予想された（北山茂夫「道鏡をめぐる諸問題」）。そのことは称徳もわかっていたようで、「道鏡自身は、俗世間の地位を願ったことは今までないことであり、ただ人々を救い導くことを心に定めている。自分はこのような道鏡を敬い、それに報いるために法王の地位を授けるのである」と、あくまでも自分の意思であるとして道鏡を擁護している（『続日本紀』同前条）。これは仏教を基調とする政策が貴族官人らの支持をえられず、道鏡が政界において完全に浮いた存在になっていたことを考慮したからであろう。

法王という地位の具体的なことは史料にはないこともあって明らかではない。ただ衣食は天皇に準じて支給され、鸞輿《らんよ》（天皇が用いる輿《こし》）の使用が許されていたから、まさに天皇と同等の待遇であった。称徳が暮らした平城宮西宮《さいくう》跡近くから一九七一年以降の発掘で、元旦の朝賀《ちょうが》時に七本の幢旗《どうき》（国家儀式を装飾する旗竿《はたざお》）を立てた柱跡の穴が二列みつかっているが、これは神護景雲三年（七六九）正月二日の称徳への朝賀時の、正月三日の道鏡への賀拝の際のものだと考えられている。

時代が下るが、平安中期の公卿の日記『土右記《とゆうき》』長元《ちょうげん》九年（一〇三六）七月四日条には、内蔵寮《くらりょう》（財宝や天皇・皇后の装束を準備し、また収める倉庫を管理する）に片足の赤皮の舃《くつ》があり、この赤舃は「弓削法王の舃」と伝えられているとの記述がある。「養老衣服令《えぶくりょう》」（皇太子以下諸臣の衣服を規定する）には皇太子も親王も烏皮《くりかわ》（黒色）の舃の着用が規定されており、正倉院に残る赤舃は聖武天皇着用のものであったことを併考すれば道鏡への待遇に納得できる。

しかし、道鏡は威儀では天皇に等しいものの、その地位は仏教の教主としての天皇の地位であり、道鏡自身が政治的に無能であったこともあって、天皇の大政を執ることはなかったとか（瀧川政次郎「法王と法王宮職」）、政治権力を疑問視する見解もある（谷本啓「道鏡の大臣禅師・太政大臣禅師・法王」）。しかし、一方で太政大臣を超える地位として創設され、宗・俗両界の統治を総攬《そうらん》するものであったとする理解もある（中川收「称徳・道鏡政権の構造とその展開」）。

この法王のための官司として翌神護景雲元年（七六七）三月、法王宮職《ほうおうぐうしき》が新設されている。法王宮職には、大夫《たいぶ》、亮《すけ》、大進《だいじょう》・少進《しょうじょう》、大属《だいさかん》・少属《しょうさかん》の四等官が設置されており、これは三后《さんこう》（皇后・皇太后・太皇太后）や皇太子供奉《ぐぶ》の官司である中宮職《ちゅうぐうしき》・春宮坊《とうぐうぼう》と同格であることから、四等官以外にも同数の四〇〇人の舎人などが仕えていたものと推測され、法王の意思をしらせる命令を宮廷内外に公表するなどの職務を掌《つかさど》っていたと思われる。

3 道鏡の簒奪未遂事件

藤原氏の政治動向

このように称徳天皇と法王道鏡の連携のもとに政治はすすめられていたが、この共治を支える体制はどのようになっていたのであろうか。道鏡実弟の弓削浄人《きよひと》（清人）が中納言、のちには大納言として尽力していたが、側近の法臣《ほうしん》（大臣に準じる地位の僧）円興《えんこう》は国政に関与したこともないようで、法参議《ほうさんぎ》（参議に準じる地位の僧）の基真《きしん》は、道鏡が法王となる契機となった海龍王寺からの仏舎利出現を偽作し、師主の円興を欺《あざむ》こうとしたことが発覚して神護景雲二年（七六八）十二月に飛騨国に追放されているから、僧界からの政治的な協力は少なかった。よって道鏡と貴族官人との政治的な関係が注視される。なかでも称徳が「人は必ず父方・母方の親族があって生まれるのであるから母方の藤原氏は親族である」（『続日本紀』天平神護元年十一月辛巳《かのとみ》条）といっているように、他氏と違って信頼していた藤原氏はどのような政治動向をみせていたのであろうか。

称徳・道鏡政権時代の五位以上の藤原氏官人は二七名であるが、これらの藤原氏官人の様相について、法王就任をはさんで前期と後期に区分してみていこう。

まず前期であるが、積極的に皇嗣問題には関与しないで、従順な行動をとっていたから道鏡の太政大臣禅師就任も容易に実現できたといえる。ただ、藤原氏は称徳・道鏡政権の確立に手を貸したということもない。南家の右大臣豊成が天平神護元年（七六五）十一月に病死したが、その後任には北家の永手が就任し、参議に式家の田麻呂《たまろ》（宇合《うまかい》の五男）と南家の継縄《つぐただ》（豊成の二男）が新採されるなど藤原氏は変わらずに太政官内の大きな勢力であった。

後期には、道鏡が法王となって太政官を離れたことから、内廷警固の役職で軍事的性格もある内豎省《ないじゅしょう》の大輔には藤原是公《これきみ》（南家武智麻呂《むちまろ》の孫）が在任するなどして、藤原氏の官職独占はますます進行していた。なかでも式家の雄田麻呂《おだまろ》（宇合の八男）は、左中弁・内匠頭《たくみのかみ》・右兵衛督・中務大輔《なかつかさだいふ》・内豎大輔・検校兵庫副将軍《けんぎょうひょうごふくしょうぐん》（宮内の武器を収納する兵庫を点検する臨時職）・武蔵守といった行政・軍事両方の要職を兼任して、称徳からの信頼は特別であった。この雄田麻呂は、のちに改名して百川《ももかわ》と名のるようになるが、称徳没後には光仁天皇の擁立や桓武天皇の即位をも画策するなど陰謀家としてしられる人物である。

称徳は藤原氏には前述のように信頼をおいていたから、それなりの政治的関係にあったが、法王道鏡に供奉する法王宮職には藤原氏は誰一人任じられておらず、藤原氏の協力はえられなかった。藤原氏には称徳・道鏡政権を支える意思は薄弱であった（栄原永遠男「称徳・道鏡政権の政権構想」）。道鏡の権勢は称徳との個人的な関係にだけ依拠していたから太政官、藤原氏との関係は薄弱なものであって、道鏡にとって藤原氏という障害をクリアーすることが課題であった。これらのことを前提として、より権勢を確固とするために道鏡がとった手段が法王就任だったのである(中川收「称徳・道鏡政権下の藤原氏」)。

称徳・道鏡政権の実態

このようにみてくると称徳・道鏡政権は、藤原氏をはじめ貴族官人らとどのような関係にあったのかが問題になる。貴族官人らに支持されていたとする理解もあるが(瀧浪貞子「藤原永手と藤原百川」)、貴族官人らの反発があり(尾畑光郎「称徳・道鏡政権形成過程についての覚書」)、権力基盤を太政官機構内で構築できずに組織的には脆弱《ぜいじゃく》であって(中川收「称徳・道鏡政権の形成過程」)、ことに道鏡への反発が広範に存在していた政権は称徳天皇の個人的な親任に負うところが大きかったとの見解(佐藤信「律令国家と天平文化」)が一般的である。

しかし、この相反する見解は双方ともに実証的な論拠をもって論じられずに水かけ論的なところがある。そこで客観的に検証する方法として、政権の強化、安定した政権の運営にとって最も重要である貴族官人への叙位と補任《ぶにん》を取りあげて実証的に検討してみよう。

まず叙位をみると、称徳・道鏡政権下の①天平神護元年(七六五)から神護景雲四年(七七〇)前半までの五年半では、年平均で九〇件の昇叙が行われており、②称徳が孝謙天皇時代であった頃の天平勝宝元年(七四九)から同八歳までの年平均の四倍近く多い。その昇叙官人を即位にともなう昇叙が例外的に多いという事例を避けて、称徳即位二年目の天平神護二年を例にとってみてみると、皇親・藤原氏が占める割合は少なく、中下級官人の割合が多いのに比べて、天平勝宝二年の皇親・藤原氏の占める割合は倍近くである。孝謙天皇時代には皇親や藤原氏などの昇叙が多かったのに比べて、称徳時代は中下級のそれも地方官人の五位・六位への低い位階での昇叙が多いことが指摘される。

また補任についてもみてみると、①の期間には②の期間の三・四倍である。そして補任の天平神護二年の皇親・藤原・中央貴族以外の氏族の占める割合は、天平勝宝二年のそれよりもかなり多く、称徳時代には中下級や地方官人が多数補任されていたことが確認できる（木本「称徳・道鏡政権の実態と皇位継承」）。

このことは称徳・道鏡政権が皇親や中央貴族らの反発から積極的な協力がえられずに、政権維持のために下級官人層や地方郡司・豪族の取りこみをはかったことのあかしであり（持田泰彦「称徳朝における大量叙位とその影響」）、新たに官僚への進出を望んでいた郡司や地方豪族を掌握する必要から、彼らに功賞を与えることで政権を維持しようとしたものであった（中川收「称徳・道鏡政権の構造とその展開」）。称徳・道鏡政権は中央貴族官人らから積極的な支持をえられていなかった脆弱な政権であったといえる。

不破内親王と氷上志計志麻呂の事件

称徳天皇と法王道鏡の共治体制は、多くの貴族官人からの協力をえられずにかならずしも安定していたとはいえない政治状況で推移していたが、その要因には称徳の道鏡への偏愛と皇太子がいまだ定まっていない将来への不安があった。しかし前述したように、称徳は天平宝字八年（七六四）十月や天平神護元年（七六五）三月には貴族官人らが皇太子を立てようとすることを諫めて、まずは自分に明るく清く仕えるべきことを優先するようにと要求しているが、それでも淳仁廃帝の復位運動や和気王の称徳・道鏡殺害未遂などの事件が起きている。

その後も皇位継承をめぐる事件はつづいて、天平神護二年（七六六）四月には石上《いそのかみの》志斐弖《しひて》を母とする聖武天皇の皇子と名のる男子が現れた。これを虚言として遠流に処してはいるものの、志斐弖は和銅から霊亀年間（七〇八～七一七）に左大臣であった石上麻呂《まろ》の孫娘であることから、聖武の許に入内して男子を生んでいた可能性はあり（木本「石上志斐弖という女性」）、この聖武の遺子との男子が「称徳・道鏡政権の安定を害するものとして、黒い霧の中にかくされた」（直木孝次郎「古代における皇胤伝説と天皇」）ということも考えられる。

そして、つづいて起こったのが氷上《ひがみの》志計志麻呂《しけしまろ》の事件である。この当時にあって有力な皇嗣である舎人・新田部《にいたべ》両親王系の諸王のうち、舎人系の諸王が同じ舎人系淳仁の廃帝に関わり配流になるなどしていたのに対して、新田部系は氷上塩焼《しおやき》（塩焼王）が藤原仲麻呂の与党として殺害されたものの、塩焼の息子たちは母が聖武天皇末娘の不破内親王《ふわないしんのう》（称徳天皇の異母妹）であることもあって氷上朝臣氏を賜姓されてはいたが、聖武の皇統を引く者として有力な存在となっていた。

神護景雲三年（七六九）五月、丹比乙女《たじひのおとめ》は、県犬養姉女《あがたいぬかいのあねめ》が忍坂女王《おしさかのおおきみ》・石田女王《いわたのおおきみ》らを率いて不破内親王とともに、称徳の髪を盗みとって髑髏《どくろ》に入れて巫蠱《ふこ》（まじないで呪うこと）を三回にわたり行って称徳の呪殺を謀り、不破の長子志計志麻呂を即位させようとしていると密告した。これによって不破は厨《くりやの》真人《まひと》厨女《くりやめ》と卑称に改名のうえ平城京から追放され、志計志麻呂は土佐国に、県犬養姉女らも遠流に処せられた。この時に称徳は、盧舎那如来《るしゃなにょらい》や観世音菩薩《かんぜおんぼさつ》、歴代天皇の御霊《みたま》などの護りによって事件が発覚したのだといっている。ここにも称徳の崇仏の思いが窺える（『続日本紀』神護景雲三年五月壬辰《みずのえたつ》・丙申《ひのえさる》条）。

しかし、この事件は称徳没後の宝亀二年（七七一）八月になって、丹比乙女の誣告《ぶこく》であったことが露呈している（『続日本紀』宝亀二年八月辛酉《かのととり》条）。つまりこの事件は、称徳が自分の皇位を危うくする存在である甥の志計志麻呂を陥れるためにでっちあげた陰謀事件であった。また道鏡擁立を望む者が、聖武の孫で藤原氏の血脈にもつながる有力な皇嗣の志計志麻呂を邪魔者として排除したとも考えられる。

宇佐八幡神託事件

氷上志計志麻呂の事件のような皇位継承に関わる事件が起こったというのも、結果論からして称徳天皇に死期が迫っていたことが反映しているのかもしれない。称徳は、宝亀元年（七七〇）二月の由義宮《ゆげのみや》（大阪府八尾市）への行幸後に健康を害して以来、八月四日に亡くなるまで一〇〇日以上も群臣が謁見することができなかったほど重篤であったから（『続日本紀』宝亀元年八月丙午《ひのえうま》条）、すでに前年には体調不良となっていた可能性もある。称徳の健康悪化の兆しが皇位をめぐる政治不安の原因となっていた。

そのようななかで前年の神護景雲三年（七六九）には、皇統につながらない道鏡が皇位を覬覦《きゆ》する（身分不相応なことを窺い狙う）という日本史上でも例をみない事件が起こった。事の発端はいつなのかはっきりしないが、大宰主神《だざいのかんつかさ》（大宰府管内の祭祀を担当した職員）の習《す》宜阿曽麻呂《げのあそまろ》の「道鏡を皇位に即《つ》ければ天下太平になるとの宇佐八幡神《うさはちまんしん》の教えがあった」との発言から始まった。その後に称徳は夢をみる。それは宇佐八幡神の使者が来て「八幡神が伝えることがあるので尼の法均《ほうきん》を遣わすように」とのことであった。早速、称徳は法均の弟和《わ》気清麻呂《けのきよまろ》を近くに招き、軟弱で遠路に堪えられない法均に代わって宇佐に行って宇佐八幡神の神意を聞いてくるように命じた。

出発にあたって道鏡から吉報をもたらせば位階をあげようと誘われていた清麻呂だったが、宇佐八幡神の「我が国家開闢《ひら》けてより以来、君臣定りぬ。臣を以て君とすることは、未《いま》だ有らず。天《あめ》の日嗣《ひつぎ》は必ず皇緒《こうしょ》を立てよ。无道《むどう》の人は早《すみやか》に掃《はら》ひ除くべし（わが国は始まって以来、君臣の秩序は定まっている。臣下を君主にすることはいまだかつてないことである。皇位にはかならず皇統の人を立てよ。無道の人は速やかに排除せよ）」との託宣を報告した（『続日本紀』神護景雲三年九月己丑《つちのとうし》条）。

この報告をうけた称徳は、九月二十五日に「よこしまな偽りの報告をした」として清麻呂を別部穢麻呂《わけべのきたなまろ》と改名させ、法均も還俗《げんぞく》させた。道鏡は激怒して清麻呂を大隅国に、法均も備後国に流している（『続日本紀』同前条）。道鏡の怒りはこれで止《とど》まることがなく、清麻呂を配流途中で殺害しようと謀った。しかし、この時に雷雨となり、そこに勅使が到着して助かったという（『日本後紀』延暦十八年二月乙未《きのとひつじ》条）。和気王の配流途中での絞殺を命じたこともある称徳はこれを一時は容認していたのだろうが、藤原雄田麻呂あたりが称徳を説得したのかもしれない。

この清麻呂の道鏡排除の言動は、清麻呂だけのものではなく、ひとしく貴族官人の意思でもあった（沢野直弥「称徳朝における皇嗣問題」）。称徳が、「清麻呂と法均の報告を偽りとわかっていながら清麻呂に協力している者の存在を自分はしっているが、慈しみ哀れんで今回は免罪にするので改心して仕えるように」といっていることがなによりこのことを示している。雄田麻呂は清麻呂の配流地に封戸《ふこ》二〇戸を贈ったというから、このようななかの一人であった。

さてここで問題となるのは、称徳がこの事件にどのように関わっていたのかということである。清麻呂の「皇統の者を立て、無道な道鏡を排除せよ」との報告を「よこしまな偽り」と断定して、法均・清麻呂姉弟に配流という厳しい措置をとっていることは、称徳が道鏡への譲位を期待していたことにほかならない。この騒動は称徳が道鏡への譲位を模索したものであり（佐藤信「律令国家と天平文化」）、主体的に動いたものの（鷺森浩幸「道鏡」）、貴族層の強力な抵抗にあって称徳自身も道鏡派も断念せざるをえなかった（古市晃「孝謙・称徳天皇」）事件であった。

道鏡への譲位の挫折は、称徳の皇嗣についての態度をさらに頑《かたく》なものにして、元正天《げんしょうてん》皇《のう》や聖武天皇の言葉まで引用して、貴族官人に厳しい口調であらためて皇位を窺う行動を戒めたうえで自分への忠誠を求めている。その一方で藤原氏と五位以上の者らに「自分の教えに違《たが》わずに、心を整え直し、束ね治めるしるし」として、両端に金泥《こんでい》（金粉をにかわでとかしたもの）で思いやりを表す「恕《じょ》」の字を書いた紫の綾《あや》の帯を配ったりしている。道鏡事件は、称徳と貴族らの関係を損なうものになっていたのであろう。そうでなければ、まずこのような帯を配るというような陳腐なことは考えなかったはずである。

4　天武皇統の断絶

称徳・道鏡政権時代の社会

称徳・道鏡政権の時代、その初期の特徴としては飢饉が続発していることである。平城京や和泉・山背の畿内や周辺の播磨・丹波だけにとどまらずに、日本海側の越中・能登をはじめ相模・下野《しもつけ》・常陸・武蔵の関東地方まで全国に広範におよんでいる。貧困者に穀物などを施し、また籾を再三にわたって東西市で安く売却しているが、それでも普段の倍額であった。この米価の高騰を抑えるために西海道諸国から私米（個人の米）を回漕《かいそう》している。そして六位以下の者に米を売ることを勧めて、その石高《こくだか》によって昇叙するなどの奨励措置をとって解決をはかっている。

そのような社会的な不安定さは経済にも波及した。これを打開するためか藤原仲麻呂による金・銀・銅銭の発行に対抗して政権を誇示する目的もあったのだろうが、天平神護元年（七六五）九月に神功開宝を新しく発行している。しかし、私鋳銭《しじゅせん》を鋳《い》る者があとを絶たなかった。そこで、これらの偽造者を銭貨鋳造の官司である鋳銭司《じゅぜんし》で働かせることにしたが、逃亡を防ぐために鈦《かなき》（首かせ、足かせ）に鈴を着けて、逃亡すると鈴が鳴るのを聞いて追捕《ついぶ》したという。

そして注視したいのが、土地制度の変更だけに止まらずに社会生活全体に大きな変化をもたらした天平神護元年（七六五）三月の開墾禁止令である。天平十五年（七四三）五月に施行された墾田永年私財法以来、人々は争って開墾するようになり、なかでも富豪は人を使役して開墾をしているのに対して、貧困な者は自活することもできない有様であった。このことを考慮して今後は農民の小規模な開墾以外は原則禁止にするというものである。この施策は、貴族官人や寺社の荘園拡大による公地公民制を基礎とする律令制の根幹をゆるがせてきた政策に改正を迫るものであって、社会経済的に意義あることだと評価できる。

由義宮の造営と西大寺の建立

そして称徳・道鏡政権下での二大事業というと、由義宮の造営と西大寺の建立である。最後に簡単に触れておこう。

まず由義宮である。称徳天皇は、前述のように天平神護元年（七六五）十月に紀伊国玉津島へと行幸した帰途に、河内国若江郡弓削郷の弓削行宮《ゆげのあんぐう》まで来た時に、弓削氏の氏寺である弓削寺に立ち寄って礼仏《らいぶつ》し、翌月に道鏡を太政大臣禅師に任じたことがあった。神護景雲三年（七六九）十月になって、称徳は再び弓削行宮を拡大改称した由義宮に行幸、由義宮を西《にしの》京《きょう》（西の都）とすることを宣言した。それにともない河内国司を難波宮《なにわのみや》の摂津職にならって河内職《かわちのしき》とするとともに、当地の若江郡をはじめ近隣の大県・安宿《あすかべ》・志紀《しき》三郡の田租を免じている。その後も由義宮の造営整備がつづけられていたようで、翌年正月には宮地に庶民の家が含まれる場合には転居の代価を補償している。

称徳は、再び宝亀元年（七七〇）二月末に由義宮に行幸、三月の歌を掛け合う歌垣《うたがき》では、「西の都は、万世の宮（由義宮は万代につづく都）」（『続日本紀』宝亀元年三月辛卯《かのとう》条）と男女の歌があって晩年の逸楽の時を過ごしているが（横田健一『道鏡』）、どうもこの頃には病気になっていたようで、後述のように西大寺東塔の心礎《しんそ》（塔の心柱《しんばしら》の礎石）の祟《たた》りとの風聞がまことしやかに流れた。

この西京由義宮の建設は、藤原仲麻呂が陪都北京として保良宮《ほらのみや》を造営したのにならったもので（瀧浪貞子『奈良朝の政変と道鏡』）、その後も造由義大宮司《ぞうゆげだいぐうし》によって造営はつづいた。

由義宮に付随する由義寺《ゆげでら》については、弓削寺を整備したもので、宝亀元年（七七〇）四月には塔が造営され、造塔の関係者九五人に昇叙していることがみえているが、二〇一六年に東弓削遺跡《ひがしゆげ》（大阪府八尾市東弓削）を発掘すると興福寺や東大寺と同笵《どうはん》（同じ模様）の瓦が出土して、ここが由義寺の遺跡だとわかった。

次に西大寺の建立だが、天平宝字八年（七六四）九月十一日に称徳の発願で始まった。これが仲麻呂との内乱勃発の日であるから、西大寺発願は仲麻呂との権力闘争の勝利を願ってのことであった（『西大寺資財流記帳《さいだいじしざいるきちょう》』）。本格的な工事は東大寺造営に手腕を発揮した佐伯《さえきの》今毛人《いまえみし》を造西大寺長官に任じた神護景雲元年（七六七）二月あたりからであろう。ただ、称徳は幾度か西大寺に行幸しているが、これには道鏡が随行しておらず、造西大寺司にも道鏡影響下の官人がいないことから、建立は称徳主導のもとに行われて道鏡は積極的に関与していなかったとの説がある（寺西貞弘「道鏡と西大寺」）。

ただ、この建立は順調ではなかった。東塔の心礎は飯盛山《いいもりやま》（若草山《わかくさやま》の北）から数千人で運んだ巨石だったが、祟りがあるとして焼いて酒を注いで砕いて道路に捨てた。ところがしばらくして称徳が病気になり、占ったところ人馬に踏まれていることで砕いた石が祟っているとのことであったので、拾って清らかな土地に移したということもあった。西大寺の造営は、造西大寺司の人事異動が宝亀九年（七七八）八月までみえている（『続日本紀』宝亀九年八月癸巳《みずのとみ》条）ことから称徳の死後も続行されている。

称徳天皇の死

前述のように宝亀元年（七七〇）二月の由義宮行幸後に病気となった称徳天皇は、平城京にもどって六月に入るともう政治を執ることができないほどに病状が悪化した。近衛府などの管轄を左大臣藤原永手に、中衛府《ちゅうえふ》などの統轄を右大臣吉備真備《きびのまきび》に委ねて軍事権を放棄している。もう永手以下の群臣との謁見も一〇〇日以上もできずに、ただ吉備由利《ゆり》（吉備真備の血縁）という女官が病床に出入りして奏上するのみであったが、八月四日に西宮の寝殿に没した。享年五三であった。

『続日本紀』は、この死に際しての記事で称徳について、「天平勝宝の頃の政治は質素であったが、藤原仲麻呂が殺害されて道鏡が権力を独占すると、（中略）政治と刑罰は厳しくなって妄《みだ》りに殺戮《さつりく》まで加えるようになった。そこでのちになって人々は随分と無実の罪が多かったといった」（宝亀元年八月丙午《ひのえうま》条）と記している。つまり孝謙天皇時代は良かったが、称徳天皇時代になって政治も刑罰も厳しくなって無実の者をも殺害するようになって治政が混乱したのだと評しているのである。『続日本紀』編纂の責任者は藤原継縄で、継縄は神護景雲年間（七六七〜七七〇）頃には四〇歳過ぎ、参議・右大弁などを帯任して政権の中枢にいたから、この記事は事実を伝えるものであると思われる。

　天武天皇が壬申の乱で勝利して飛鳥浄御原宮《あすかきよみはらのみや》で即位して以降、草壁皇太子から文武天皇につなぐために即位した持統天皇、同じように文武の早世により聖武天皇につなぐための中継ぎとして即位した元明天皇《げんめいてんのう》・元正天皇という女帝をはさんでまで必死に守ってきた天武皇統は、ついにここに終焉を迎えたのである。

第七章　新王朝と藤原式家

1　光仁天皇の即位

白壁王の擁立

宝亀元年（七七〇）八月、『続日本紀』によると、称徳天皇《しょうとくてんのう》が没した直後に左大臣藤原永手《ふじわらのながて》、右大臣吉備真備《きびのまきび》、参議藤原宿奈麻呂《すくなまろ》（良継《よしつぐ》）・藤原縄麻呂《なわまろ》・石上宅嗣《いそのかみのやかつぐ》、近衛大将藤原蔵下麻呂《くらじまろ》の六人が参会し、そこで永手が称徳の「遺宣」（遺言）である「今詔《の》りたまはく、事、卒然《にわか》に有るに依《よ》りて、諸臣等議《はか》りて、白壁王《しらかべおう》は諸王の中に年歯《よわい》も長《このかみ》なり。また先の帝の功《みいさお》も在る故《ゆえ》に、太子と定めて、奏《もう》せるまにまに宣《の》り給ふと勅《の》りたまはくと宣る（いま称徳天皇が仰せになることには、事は突然であるので、諸臣等が合議して、白壁王が諸王のなかでも年長であり、また〔祖父である〕先帝〔天智天皇《てんじてんのう》〕の功績もあるので、皇太子に定めたと奏するので、この奏上どおりに定めるとの仰せを申しわたす）」（『続日本紀』宝亀元年八月癸巳《みずのとみ》条）とのことを公表して、白壁王（天智天皇皇孫で、志貴親王《しきしんのう》王子）が皇太子に立てられた。

ただ、この称徳の遺言の解釈には少なからず問題があって、さらに死後に公表されたものではなく病床で発令したものであって、白壁王の立太子を承諾して永手に公表させて天皇の責任を果たしたという理解（瀧浪貞子「藤原永手と藤原百川」）もある。しかし、『続日本紀』光仁天皇《こうにんてんのう》即位前紀には、称徳の没後に群臣が遺志をうけて即日に白壁王を皇太子に立てたとあるし、「永手薨伝」には称徳の柩《ひつぎ》の車が日暮れすぎてから出発した後に白壁王の立太子を決定したとみえているから、やはり通説どおりに永手らが合議のうえ、年長でかつ功績のあった天智天皇の孫でもあるという理由から白壁王の立太子を公表したのであろう。

このような白壁王の擁立を主導したのは誰であろうか。もちろん、左大臣であった永手が中心にいたと思うが、その主体は藤原式家であったのではないだろうか。白壁王擁立の合議に参加したのは太政官メンバーだが、大中臣清麻呂《おおなかとみのきよまろ》・石川豊成《いしかわのとよなり》・文室大市《ふんやのおおち》・藤原魚名《うおな》・藤原田麻呂《たまろ》・多治比土作《たじひのはにつくり》・藤原継縄《つぐただ》の七人は参加していない（藤原清河《きよかわ》は在唐〔一五四頁に前述〕、弓削浄人《ゆげのきよひと》は除外されていたと思う）。ただ、魚名は北家で兄永手が、田麻呂は式家で兄宿奈麻呂が、継縄は南家で弟縄麻呂が参加しているので、藤原氏の参加者は各家から代表者がでている。藤原氏以外の清麻呂・豊成・大市・土作の諸氏四人は参加していないが、それは宅嗣が代表するということであったと思う。蔵下麻呂は太政官メンバーではないが、軍衛を代表して睨《にら》みをきかせるために加わっていたのであろう。

ここでは宿奈麻呂（良継）と蔵下麻呂の式家二人、そして宅嗣は、宿奈麻呂とは従兄弟で式家とは近しく式家閥であったから、この白壁王の擁立を主導したのは北家の永手と宿奈麻呂を中心とする式家グループであったといえる。永手は宿奈麻呂より二歳年長だが、宿奈麻呂の娘乙刀自《おとじ》を妻に迎えて雄依《おより》をもうけており、娘の曹子《そうし》は白壁王に嫁いでいる。このような縁戚関係が白壁王擁立の背景にあった。

藤原百川の暗躍

白壁王の擁立についてここまで記してきたが、それはあくまでも正史である『続日本紀』の記事を読み解いての表面的なことで、この事態にいたるまでには太政官を中心に権力闘争があったようで、編者は不明だが一一世紀後半頃に六国史《りっこくし》（奈良・平安時代に編纂された正史の総称）を抄録編纂した『日本紀略《にほんきりゃく》』が引用する「藤原百川伝《ももかわ》」にそのことがみえている。

それによると、称徳天皇は平生から皇太子を立てていなかったので、諸卿らが合議したが、まず右大臣吉備真備が、天武天皇《てんむてんのう》皇孫で長親王《ながしんのう》王子の文室浄三《じょうさん》を立てようとした。しかし、藤原百川（雄田麻呂《おだまろ》を改名）が左大臣藤原永手・内大臣藤原宿奈麻呂とともに、浄三には一三人もの子がいて、後継に問題があるということで反対した。しかし、真備はこの反対意見を排して浄三の立太子を決定したものの、当の浄三は固辞した。そこで「百川、永手・良継と策を定めて、偽りて宣命《せんみょう》の語を作り、宣命使をして庭に立て宣制せしむ。（中略）百川、即《すなわ》ち諸仗《しょじょう》に命じて、白壁王を冊《た》てて皇太子とす（百川は、永手・良継と相談のうえ、白壁王を皇太子とする宣命を偽作して、宣命使に公表させた。また百川は衛府に命じて、白壁王を立てて皇太子とした）」（宝亀元年八月癸巳《みずのとみ》条）というのである。

この「百川伝」については、いかがわしい記事もあり、百川個人の伝記であることから粉飾して百川を過大評価しようとするところもあり慎重に吟味する必要がある。けれども百川死後五〇年くらいの淳和《じゅんな》朝（八二三〜八三三）の成立で、史料としても重要であって（吉川敏子『『日本紀略』藤原百川伝の成立」）、大枠は事実を反映しているものと思われる（長谷部将司「称徳天皇の皇統観」）。後述するように真備が浄三を立てる合理的な理由のあることや、百川が称徳に近侍し警固する内竪大輔《ないじゅだいふ》、宣旨《せんじ》や太政官符《だいじょうかんぷ》を発布する左中弁、宮門警備にあたる右兵衛督（右兵衛府長官）の三職を兼帯していて、称徳の宣命を偽作し（左中弁）、諸仗に命じる（右兵衛督）ことのできる立場にあったから、百川の画策の動きは認めてもよい（山本幸男「藤原良継・百川」）と思われるので「百川伝」の記事内容には信憑性《しんぴょうせい》がある。

真備が浄三を、百川らが白壁王を立てようとした背景には世代の相違がある。真備は天武天皇没後わずか七年の持統天皇《じとうてんのう》七年（六九三）生まれ（持統天皇九年出生説もある）の七八歳であって、皇位継承を考えた時にはなにより天武を重視したことであろう。そのうえ、高市《たけち》・舎人《とねり》・新田部《にいたべ》親王系に有力な候補がいない現状では、天智天皇皇女の大江皇女《おおえのおうじょ》を母とする天武皇子長親王の王子の浄三が最適と考えたのである。

それに対して、五七歳の永手、五五歳の宿奈麻呂、三九歳の百川にとって天皇といえば聖武天皇《しょうむてんのう》であって、そのことを重視すれば聖武皇孫の他戸王《おさべおう》への継承が至当と考えたのである。しかし、他戸王はまだ一〇歳であったから、まずは母の井上内親王《いのえないしんのう》（聖武皇女）の夫である白壁王の擁立をはかったのである。それでは井上を中継ぎとして女帝に立てればよいではないかとの考え方もあるが、既婚女性の場合は夫が天皇でなければならない、つまり皇后でなければならないという条件があった。推古《すいこ》、皇極《こうぎょく》・斉明《さいめい》、持統、元明《げんめい》（皇太子妃だが準じて）などの女帝がそうである。天武系でない天智天皇皇孫の白壁王を中継ぎとして立てたのも仕方のないことであった。

真備が一度は衆議を一決して浄三の擁立を果たしたのには、二度の入唐《にっとう》で凄《すさ》まじいまでの動乱を直視し、藤原広嗣《ひろつぐ》の乱や橘《たちばなの》奈良麻呂《ならまろ》の変、恵美押勝《えみのおしかつ》の内乱を経験して、低い家柄の出ながら右大臣にまで昇任した老練さがあった（直木孝次郎「吉備真備と菅原道真」）からであろう。しかし、浄三は真備と同い年の七八歳であって、かつて淳仁天皇《じゅんにんてんのう》から分を弁《わきま》えて欲をださずに自制する性格を褒められたということもあり固辞したのであろう（木本『奈良時代貴族官人と女性の政治史』）。

その真備を「舌を巻きて如何《いかん》ともすること無し（ひどく驚いてなにもできなかった）」というまでに出し抜いて、「長生の弊、還《かえ》って此《こ》の恥に遭《あ》ふ（長生きしたせいで、かえってこのような恥にあった）」といわしめて、引退にまで追いこんだ百川、まさに「陰謀家」との評価に違《たが》わない暗躍ぶりであった。

白壁王立太子の経緯は、だいたい「百川伝」の記述内容が実相であったと思われるが、そうすると白壁王の立太子が称徳の遺志とは関係なく、その没後に百川らによって偽作された「遺宣」によるものであったということになって、とりもなおさず光仁天皇(白壁王)の子として即位した桓武天皇《かんむてんのう》の皇位は正統ではないことになる。在位中の延暦十六年(七九七)二月成立の『続日本紀』にそのようなことを載せられるわけがない。そのあたりを最大限に配慮した記述が、本章冒頭に掲げた宝亀元年(七七〇)八月癸巳条であったということであろう。

光仁天皇即位と道鏡追放

白壁王は二か月後の宝亀元年(七七〇)十月一日、大極殿に即位して光仁天皇となった。その際、肥後国《ひごのくに》から献上された白亀に因んで神護景雲四年を宝亀元年と改元している。けれども、天武皇統ではないことから、貴族官人のなかには不満をもつ者も少なからずいた。八月の立太子直後に近江国から騎兵を徴発・派遣させ、藤原良継を騎兵司に任じて白壁王守護のことを管掌させているのは、白壁王立太子反対派の動向に備えたものであった。

光仁が最初に執った施策は、なんといっても道鏡とその一派の追放である。称徳は宝亀元年(七七〇)八月十七日になって山陵に葬られたが、道鏡は山陵に仕えて、そのまま山陵の側に庵《いおり》を結んで留まっていた。しかし、法王ともあろう道鏡を理由なく排除することはできない。この場合の常套《じょうとう》手段というべき「道鏡の奸計《かんけい》」を密告する役割を果たしたのは武人として著名であった坂上苅田麻呂《さかのうえのかりたまろ》であった。次代桓武朝の蝦夷《えみし》制圧でしられる田村麻呂《たむらまろ》の父である。道鏡は「久しく密かに皇位を窺《うかが》っていたとの陰謀が発覚した」との理由で、造《ぞう》下野国《しもつけのくにの》薬師寺《やくしじ》別当《べっとう》に任じられ即日追放された。宇佐八幡神託事件の出来事をいっているのであろう。道鏡は、その二年後の宝亀三年（七七二）四月に下野国で没し、庶民として葬られた。

これにともなって道鏡の弟で太政官ナンバー3の大納言弓削浄人やその息子三人は土佐国への配流に処せられて道鏡の勢力は朝廷から一掃された。それは政界だけのことではなく僧界にもおよんで、排除されていた慈訓《じきん》と慶俊《きょうしゅん》は少僧都《しょうそうず》として僧尼を統轄する僧綱《そうごう》に復帰している。

藤原式家主導の政治体制

光仁天皇は即位すると、「仕える様子にしたがって昇叙する」として、藤原永手ら太政官メンバーを中心に叙位を行っている。その半数は藤原氏であるが、南家が継縄一人で、式家の良継・田麻呂・百川の三人に対して、北家は永手・魚名・楓麻呂《かえでまろ》の三兄弟に加えて、永手息子の家依《いえより》・雄依兄弟、甥の小黒麻呂《おぐろまろ》の六人が昇叙している。永手は極位《ごくい》の正一位に昇って、光仁天皇のもとで永手の主導体制が整ったといってよい。

永手と光仁天皇擁立を主導した式家は、良継ら三人兄弟のみであって息子たちはまだ幼少であった。この後、式家は良継ら兄弟が政権を主導することになるが、次世代というと種継《たねつぐ》くらいで、その種継も暗殺されるなど人材が払底し、やがて式家は没落して政治権力は北家に移っていくが、これはまだ少し先の話である。

永手を中心とする政治体制が成立したものの、永手は五か月たらずの翌宝亀二年（七七一）二月に没してしまう。大納言大中臣清麻呂が右大臣に昇格しているが、注目されるのは良継が内臣に任じられていることである。内臣は、その職掌・官位・禄賜など待遇は大納言に準じると規定されていたが（二宮正彦「内臣・内大臣考」）、かつて鎌足が任じていたことから良継が藤原氏の惣領《そうりょう》として認知されたことは注目される。

太政官一二人（在唐の藤原清河を除く）のうち藤原氏が半数を占めるなかで、良継が弟の田麻呂・百川を率いて太政官を領導したことに間違いはない。田麻呂は兵部卿、百川は右大弁と右兵衛督、蔵下麻呂が近衛大将、従兄弟で同志の石上宅嗣が式部卿・中衛中将という行政・軍事職を占有していることを考えると、ここに良継を中心とする「藤原式家主導体制」が成立したことがわかる。「良継薨伝」にはこの頃「（良継は）政《まつりごと》を専《もっぱら》とし、（中略）升降《しょうこう》自由なり（政治を一人で動かし、官人の昇進・降格も思いのままである）」（『続日本紀』宝亀八年九月丙寅《ひのえとら》条）とある。

このことを証明するように、良継が内臣に就いた宝亀二年（七七一）三月より没する同八年九月までで、太政官内の有力者があたる宣者（山田英雄「奈良時代における太政官符についてⅡ」）の明らかな太政官符《だいじょうかんぷ》は二二通だが、そのうち右大臣大中臣清麻呂の一〇通を超えて、良継は一二通にのぼる（二宮正彦「内臣・内大臣考」）。

2　井上・他戸母子の排斥

井上皇后と高野新笠

このような良継ら四人兄弟による「藤原式家主導体制」が、その後の日本の歴史に大きな影響をおよぼす事件を起こしている。もし、この事件が起こらなければ、本書で取りあつかう「奈良時代」の記述ももっと長くなったことは確実だろう。それは天武王朝の終焉と、桓武天皇による新王朝の誕生をもたらした井上廃后・他戸廃太子事件である。

光仁天皇は宝亀元年（七七〇）十月に即位すると、井上内親王を皇后に定め、同二年正月になるのを待って他戸親王を皇太子に立てている。光仁が即位したのは聖武天皇の長女である井上を妻に迎えて、聖武の孫である他戸をもうけていて、これに皇位をつなぐためであったから当然のことであったといえるが、光仁には他戸よりも、高野新笠《たかののにいがさ》との間に二四歳も年長（『水鏡《みずかがみ》』）、一四歳年長との説（角田文衞「宝亀三年の廃后廃太子事件」）もある長子の山部《やまべ》親王《しんのう》（のちの桓武天皇）がいて、井上が新笠よりもかならずしも有利な立場ともいえず、また他戸の皇太子の地位も確固としたものではなかった。

そのような事情もあったのだろう、井上は立后直後に光仁を誘って山背国相楽郡《さがらかぐん》の御鹿原《みかのはら》（京都府木津川市）に赴いている。このあたりの南山背には橘氏の氏寺である井手寺やかつて橘諸兄《もろえ》が造営を主導した恭仁京《くにきょう》、そして諸兄の相楽別業（別荘）があったことからもしられるように橘氏の本拠地であった。この時の山背守は同族の氏上《うじのかみ》で縁戚の橘綿裳《わたも》（井上の祖父の唐《もろこし》〔母である県犬養広刀自《あがたいぬかいのひろとじ》の父〕と綿裳の祖母三千代《みちよ》とは従姉弟《いとこ》の関係）であったから、綿裳とも相談のうえ井上は自身の縁深い御鹿原に行ったのである。現代的にいえば皇后となった井上の生家でのお披露目ということになろうが、それはライバル視する高野新笠に対しての誇示でもあった。しかし、一国守である綿裳に天皇の行幸を誘引することはむずかしい。井上の思いを理解したうえで、光仁に御鹿原行幸を勧めたのは左大臣藤原永手だと思う。この直後に永手に御鹿原近くの出水郷《いずみのごう》の山二〇〇町が賜与されているが、これを手配したのは井上である。

しかし、高野新笠も負けてはいなかった。三か月後の宝亀二年（七七一）二月に新笠は河内国交野《かたの》（大阪府枚方市および交野市）に光仁とともに出かけている。交野は新笠の出身である百済氏族の居住地であったから、この交野行幸は井上が御鹿原に出かけたことを意識し対抗したものであったことは明らかである。山部もこの河内派であって（福井俊彦「山部親王の立太子と官人」)、即位してからも交野にはしばしば行幸している。

それでは新笠の自己顕示のための交野行幸を永手に対抗して演出したのは誰だったのか。それは良継ら式家兄弟であろう。良継らが新笠を後援するのは、もちろん山部の立太子をもくろんでいたからである。『公卿補任《くぎょうぶにん》』宝亀二年(七七一)条の百川の尻付《しづけ》(『公卿補任』初出時に経歴を記したもの)に引く「本系」には、百川は山部の若い時から信頼を寄せ、親交を結んでいたとみえている。良継と百川は異母兄弟だが、百川は良継の娘諸姉《もろね》を妻に迎えていたから、この二人が協力して山部の擁立(西本昌弘『桓武天皇』)を前提に新笠を支えていたのである。良継の娘乙牟漏《おとむろ》は一二歳と幼かったが、もう山部に嫁いでいたかもしれない(「養老戸令《こりょう》」には一三歳で婚嫁を許すとある)。乙牟漏が長子安殿王《あておう》(のちの平城天皇《へいぜいてんのう》)を生んだのは宝亀五年のことであるから、すでに良継にとって山部は娘婿であったとしても不思議ではない。

廃后・廃太子事件

この井上と新笠の光仁の皇嗣をめぐっての争いは、永手が俄《にわ》かに没して、良継が内臣に昇って権力を握ったことによって新局面をむかえて、井上の廃后事件が引き起こされることになる。宝亀三年(七七二)三月、井上が女官の粟田広上《あわたのひろかみ》・安都堅石女《あとのかたしわめ》らと謀って光仁を巫蠱《ふこ》(まじないで呪うこと)したという裳咋足島《もくいのたるしま》の密告があったのである。そして五月になって、魘魅《えんみ》（人形などを使って人を害するまじない）・大逆（天皇への反逆）の罪を犯した井上の子を皇太子としておくことは、貴族官人をはじめ国民に対しても恥ずかしいことであるのでという理由で他戸は廃太子にされた。

良継・百川らの井上・他戸の廃后・廃太子計画は、この半年前頃から始まっていたらしい。この頃に綿裳を山背守から解任して、甥の藤原種継を襲任させているからである。山背国は先にも記したように井上の基盤国である。井上・他戸を廃して、他戸の即位を期待していた国守綿裳ら橘氏が本拠地で造反でも起こすと厄介なことになる。そこで綿裳を解任して、南山背では橘氏とともに勢力のあった秦《はた》氏一族の女性を母にもつ種継を後任にあてて未然に騒動に備えさせたのである（木本『藤原種継』）。

この事件は、井上が光仁の死と他戸の早期即位を望んだことが原因だとする理解（井上満郎『桓武天皇』）もあるが、おそらくは事実無根であって、良継や百川らが山部立太子実現のために障害となる井上・他戸母子を排斥したものであろう（西本昌弘『桓武天皇』）。先の「本系」には、百川が奇計を用いて他戸を排除したとみえている。この百川の奇計には女官の絡む事件だけに母である久米若女《くめのわくめ》の後宮内での協力があったとする説があるが（角田文衞「宝亀三年の廃后廃太子事件」）、これに良継の妻で後宮の実力者であって乙牟漏の母の阿倍古《あべのこ》美奈《みな》も関係していたことであろう。

その後、宝亀四年（七七三）十月に光仁の姉難波内親王《なにわのないしんのう》が没したが、これも井上の魘魅のためであるとして井上・他戸母子を大和国宇智郡《うちぐん》（奈良県五條市）に幽閉した。難波は七〇歳に近い年齢であったし（中川收「光仁朝の成立と井上皇后事件」）、病気がちであったから幽閉に都合のよい理由にされたのである。そして、同六年四月に母子は亡くなっている。宇智郡には良継の墓があるように（「延喜諸陵寮式」）、式家の勢力地であったし、母子が同日に没していることから後顧の憂いを断つために殺害したものであろう（中西康裕『続日本紀と奈良朝の政変』）。

山部親王の立太子

井上皇后と他戸皇太子の廃后・廃太子事件の間、宝亀四年（七七三）正月に代わって皇太子に山部親王が立てられた。けれども、山部の立太子がすんなりと政界に受け入れられたかというと、そうではない。光仁天皇の即位は、繰りかえしになるが聖武天皇の孫である他戸に将来皇位を継承させて天武皇統の存続をはかるためだった。山部の立太子、即位によって、天武―（草壁）―文武―聖武と受けつがれてきた天武皇統が断絶することに納得しない者も多かった。

『水鏡』（鎌倉時代初期に成立した歴史物語）によれば、新皇太子を決めるに際して藤原百川が山部を推したところ、藤原浜成《はまなり》（京家の麻呂《まろ》の子）が生母の家柄が低いことを理由に反対して、光仁が姪《めい》である尾張女王《おわりのおおきみ》との間にもうけた薭田親王《ひえだしんのう》を推して悶着《もんちゃく》があったが、これを聞いていた光仁は他戸の同母姉である酒人内親王《さかひとないしんのう》を立てたいという心情を吐露した。それでも百川は必死になって山部を推したことから、はじめは難色を示していた光仁もやっと山部の立太子を認めたのだという。

『水鏡』は史料としては疑問が多く、ただちに信頼することはできない。けれども、先の『公卿補任』の引く「本系」の記事、そして桓武天皇（山部）が延暦二十一年（八〇二）六月に百川の嫡子緒嗣《おつぐ》に対して、「緒嗣の父がいなければ自分は即位できなかったのであり、その功績は忘れたことはない」（『続日本後紀《しょくにほんこうき》』承和《じょうわ》十年〔八四三〕七月庚戌《かのえいぬ》条）と表明していることなどを考え併せると、山部の立太子は百川の尽力によるところが大きかったことは動かせない。

井上・他戸母子の廃后・廃太子事件といい、この山部の立太子といい、百川が大きく歴史を転換させたことは確かであって、もし百川が存在していなかったならば現代の皇室も違ったものになったことであろう。古代史が我々の社会と隔絶したものではなく、少なからず現代にも影響していることを考えさせられる。

さて話は少し横道にそれたが、井上・他戸母子を死に追いこんでからしばらく経った宝亀八年（七七七）九月、良継が没した直後から山部は病気がちになる。山部の病状が長引いたことから翌九年三月になって平復を祈って大赦を命じ、また臨時の大祓《おおはらえ》（罪や穢《けが》れをはらい清める神事）を行い、伊勢神宮をはじめ全国の諸神に奉幣《ほうへい》（供え物を捧げる）し、畿内と畿外国との各境界で疫神《えきしん》を祀らせている。山部が快復したのは十月頃、山部は伊勢神宮にお礼参りに参詣《さんけい》しているから、一年も病床にあったことになる。この間、百川は薬を処方するなど必死に介護した。ここにも百川の献身がしられる。

この山部の病気については詳しくはわからないが、この期間に井上廃后の墓が改葬されているから井上の祟りと思われていたのであろう。山部が井上と他戸の廃后・廃太子についてしらなかったということはないから、張本人の良継が没したことによって精神的な負担に堪えかねるようになっていたのではないだろうか。のちに死に追いこんだ実弟早良親王《さわらしんのう》の怨霊におびえるのが甚だしかったことを思えばありえないことではない。山部は身体頑健で強い意志をもつ反面、あきれるくらいのひ弱さもあわせもっていたとする評価がある（井上満郎『桓武天皇』）。

光仁天皇時代の政治社会と政策

光仁天皇は良継ら藤原式家によって擁立されたこともあって、その一〇年間の施策は「藤原式家主導体制」による傾向が強く、称徳朝の政治をうけてどのように対応したのかが注目される。まず宝亀元年（七七〇）十一月に橘奈良麻呂の変と藤原仲麻呂の内乱に縁坐《えんざ》した四四三人をすべて免罪にしている。これをうけて翌二年以降には仲麻呂男子のうち唯一生き残った六男刷雄《よしお》などが復帰している。また淡路国の淳仁天皇陵を改葬して歴代天皇に準じて山陵と称することにし、淳仁兄弟の子女も皇親籍にもどしている。このことを考えれば光仁朝の式家を中心とする政府は、称徳朝の政治方針を転換するものであったといってよい。

(1)仏教政策

その点でいえば、仏教政治でも道鏡の方針が撤回されて、山林寺院での修行の禁止を改め、僧綱の要請によって再び認めている。また威儀法師(法会時に衆僧の威儀・作法を指図する僧)が復置されている。さらに得度《とくど》した僧尼に与えられる証明書である度縁《どえん》に捺す印が天平神護元年(七六五)以降は道鏡の私印を用いてきていたが、本来の治部省印を捺すことにし、地方の国分寺僧でありながら京内に住んでいる者の帰国を命じるなどしている。このように光仁朝の仏教政策は、称徳朝のいきすぎた施策による弊害を是正し(中村光一「奈良時代後期における皇位継承問題」)、仏教界を粛正して律令制下に統制することを主眼としていた。

(2)東北政策

藤原仲麻呂の積極的な行動に相違して、蝦夷の反逆をうけて受動的な対応に終始した。宝亀三年(七七二)九月に陸奥按察《あぜち》使兼陸奥守、加えて同四年七月に陸奥国鎮守将軍に任じられて蝦夷対策の責任者となったのは大伴駿河麻呂《おおとものするがまろ》だが、蝦夷が同五年七月に桃生城《もむのふのき》に侵攻したことから鎮守副将軍に紀広純《きのひろずみ》を任じて坂東八か国から援兵を動員した。しかし駿河麻呂らの優柔不断さもあって一向に解決することなく、これを契機に東北地方は嵯峨天皇《さがてんのう》(平城天皇の同母弟)の弘仁二年(八一一)末まで戦闘が三八年間つづく「三十八年戦争」に突入する。なかでも宝亀十一年（七八〇）三月、陸奥国上治郡（伊治郡か）大領《だいりょう》（郡の長官）の伊《これ》治呰麻呂《はりのあざまろ》が反逆し、伊治城《これはりのき》（宮城県栗原市）を攻略して按察使広純を殺害、南下して陸奥国庁でもあった多賀城を焼きはらうなどしたことがあった（木本「『続日本紀』伊治呰麻呂反乱の記事について」）。

この事態をうけて光仁は藤原継縄を征東大使とし、征東副使や出羽鎮狄将軍《いではのちんてきしょうぐん》などを任命して態勢の立て直しをはかったが状況は好転しなかった。新たに持節征東大使に藤原小黒麻呂を任じたが蝦夷征討は遅々としてすすまず、蝦夷との戦争は次代の桓武朝の坂上田村麻呂へと引きつがれていくことになる。

⑶対外政策

宝亀六年（七七五）六月、友好と天平勝宝四年（七五二）の入唐以来いまだ帰国できずにいる大使藤原清河を迎えるために佐伯今毛人《さえきのいまえみし》を遣唐大使とする遣唐使を任じた。しかし、今毛人は渡海を回避したい気持ちから（森公章『遣唐使の光芒』）病を理由に入唐せず、副使となった小野石根《おののいわね》らが宝亀八年（七七七）七月に揚州《ようしゅう》に上陸し、翌九年三月になって長安《ちょうあん》で皇帝代宗《だいそう》に謁見している。このたびの遣唐使は代宗から官職を授けられるなど友好を深めたが、清河はすでに死亡していて娘の喜娘《きじょう》が同九年十一月に判官大伴継人《つぐひと》らとともに来日している。喜娘は父清河の邸宅を受領して隣地であることから唐招提寺に施入したが、これは鑑真と一緒に来日していた唐僧らとの交流があってのことからであったらしい（直木孝次郎「藤原清河の娘」)。このように光仁朝の唐国との関係は、しばらくなかった交流があって良好であったが、唐の衰退からほとんど外交政治上の意義や目的を失っていた。

宝亀五年(七七四)三月、清河の書簡を届けるためと友好関係の維持のために新羅国使金《こん》三玄《さんげん》らが来日したが、貢調の使節でないために入京を認めずに大宰府から追放している。同十年二月には帰国途中に耽羅島《たんらのしま》(済州島)で島人に抑留された遣唐判官の海上三狩《うなかみのみかり》を迎えるために下道長人《しもつみちのながひと》を遣新羅使として派遣した。七月に長人とともに来日した新羅使金蘭蓀《こんらんそん》は、翌十一年正月に拝賀、特産物を献上し、蘭蓀らには叙位があって二月に帰国している。この新羅使については三狩らを送ってきたことから賓客《ひんきゃく》として来日の意図に応えたが、次回からはかならず上表文を持参するようにと朝貢を催促している。よって、蘭蓀らの来日は特例であって、基本的には三玄らを大宰府から追放したように朝貢を求める対新羅政策は変化していない。

神亀四年(七二七)から渤海使《ぼっかいし》の来日は、渤海滅亡までに新羅を牽制する意図から三三回を数える。ことに藤原仲麻呂の時代には新羅進攻策もあって緊密であったが、称徳朝には途絶えていた。しかし光仁朝になると、宝亀二年(七七一)から五回も使節が来日している。ことに同二年六月の壱万福《いちまんぷく》らの使節は三二五人という大人数であった。同四年六月には万福の安否確認のため能登国に烏須弗《うすほつ》らが来日したが、万福は送渤海客使武生鳥守《たけふのとりもり》らに送られて帰国の途にあったから行き違いになったらしい。

三回目の渤海使は宝亀七年（七七六）十二月、史都蒙《しともう》ら一八七人は暴風にあって漂没して四六人だけが来日、翌年四月入京を許され叙位があった。光仁天皇は都蒙らを送る送使に高麗殿継《こまのとのつぐ》を命じ、殿継はその使命を果たして同九年九月に越前国坂井郡《さかいぐん》に帰着したが、ともに渤海使張仙寿《ちょうせんじゅ》が来航している。仙寿は入京のうえ朝賀に参列して、同十年二月に送高麗客使大網広道《おおよさみのひろみち》ら送使と帰国している。また同十年九月には出羽国に渤海と鉄利《てつり》（黒竜江省南部在住の部族）三五九人が来着している。朝廷では検校渤海人使《けんぎょうぼっかいにんし》を派遣して調査させたうえで、押領《おうりょう》（統率者）高洋粥《こうようしゅく》の差し出した上表文が礼を欠いているとして賓客とは認めずに放還することにしたものの、厳寒時の帰国は無理だとして越冬を許した。その間に渤海通《つう》事《じ》（通訳）の高説昌《こうせいしょう》と鉄利の官人との席次争いが起こって太政官が裁定を下すという揉《も》め事があったりした。このように朝廷では渤海を朝貢国として処遇することにこだわっているが、一方渤海はというと朝貢とされようとも貿易活動を活発に行うことを得策とするのが基本方針であった。

3　桓武天皇の即位

新王朝成立と桓武天皇の皇権

天応《てんのう》元年（七八一）四月、桓武天皇は即位したものの対立する政治勢力が存在し（中川收

「桓武朝政権の成立」)、藤原良継・百川兄弟もすでに没するなどして桓武擁立派は劣勢であった。光仁太上天皇もそのあたりのことを心配して生前に譲位することにしたのであろう。譲位時に「譲位にあたって良くない謀《はかりごと》をめぐらして天下を乱そうとする者がたくさんいるが、清く直《なお》き心をもって新帝に仕えるように」(『続日本紀』天応元年四月辛卯《かのとう》条)との詔《みことのり》を発して、桓武の弟早良親王を還俗させてまで皇太子に立てて桓武に協力させるようにしているのは反対派の動きを牽制したものである。そのことを象徴するのが、十二月に亡くなった光仁の諒闇《りょうあん》(服喪期間)のことで、桓武は三年間を主張したが、公卿らの反対から紆余《うよ》曲折があって結局は一年間とする妥協を強いられている。

このような立場にあった桓武には、即位をよしとしない公卿官人を抑えて、早期に皇権を確立することが求められた。著者は、桓武の皇権は三段階、つまり、以下に述べる氷上川《ひがみのかわ》継《つぐ》の配流事件、藤原魚名の左降事件、そして早良皇太子謀殺事件を経て確立したと思う。

桓武即位の反対理由は、桓武が天武皇統に属さないばかりか、母が渡来系出自の卑しい身分であったということであるが、これは桓武終生のウィークポイントとなった。井上廃后の生んだ異母妹酒人内親王を自らの妃に迎え、嫡子安殿親王に酒人の生んだ朝原内親王《あさはらないしんのう》を配しているのも、いくらかでも血統の劣性を克服しようとする気持ちがあったからである。このような事情から桓武が皇権確立のために真っ先にとったのは、血統上のライバルで反対派の拠りどころとなる人物を排除することで、それが氷上川継事件であった。

氷上川継事件

氷上川継の父塩焼王《しおやきおう》(氷川塩焼)は、天武天皇皇孫で新田部親王の長子である。母は聖武天皇の末娘不破内親王《ふわないしんのう》であった。塩焼王は橘奈良麻呂らのクーデター計画では孝謙天皇《こうけんてんのう》廃位後の天皇候補者にあげられ、藤原仲麻呂の内乱では「今帝《きんてい》」(新たな天皇)として仲麻呂から擁立されるなど皇嗣として有力であったが、皇位継承をめぐる争いを避けて氷上氏を賜姓して臣下に降《くだ》っている。

川継の事件は、延暦元年(七八二)閏正月に起こった。『続日本紀』の記述が曖昧で経緯がはっきりしないが、川継が資人《しにん》(従者)の大和乙人《やまとのおとひと》に命じて宇治王《うじおう》(系譜不詳)らを率いて十日夜に宮中北門から侵入して桓武天皇を殺害させようとしたものの失敗して乙人は捕らえられ、川継は逃走したが十四日に大和国葛上郡《かづらぎのかみぐん》(奈良県御所市近辺)で捕まったというものである(阿部猛「天応二年の氷上川継事件」)。川継は妻藤原法壱《ほういち》ともども伊豆国三島《みしま》に、母不破内親王と川継の姉妹は淡路国に移配された。

けれども事件はこれで終わらなかった。十八〜十九日になって大宰府にいた藤原浜成が、川継の法壱の父であり、また息子継彦《つぐひこ》も事件に関与していたとして参議・侍従を解任され、川継の姻戚・知友ということで大伴家持《やかもち》や坂上苅田麻呂らも解任のうえ平城京から追放された。しかし、浜成は大宰府にいて事件に直接関わっていたとは思えない。桓武即位直後の即位にともなう叙位では昇叙されていないし、天応元年（七八一）六月には大宰帥から員外帥《いんがいのそち》に貶《おと》され、縁坐となった原因である継彦が延暦八年（七八九）五月には主計頭《しゅけいのかみ》に任じられて宥《ゆう》免《めん》になっているのに、浜成は没した同九年二月になっても赦免にはなっていなかった。

よって、浜成は実際には事件に加担していなかったが、前述したように桓武には立太子に際して浜成が自分を排して薭田親王を推したことへの宿怨があって、このことからの浜成の除外こそが桓武の目的であったとする見解がある（林陸朗「奈良朝後期宮廷の暗雲」）。しかし、皇権の確立を望む桓武がライバルの川継本人はもちろん、川継と近い王族や浜成ら貴族に対しても帝王の威厳を示すために厳正な処断をとったとする理解（亀田隆之「氷上川継事件」）が真相であろう。

藤原魚名の事件

有力な皇嗣候補の氷上川継を除いた桓武天皇が次に皇権確立のために排除しようとしたのは、藤原魚名であった。魚名は左大臣職にあって公卿らを代表する立場にあった。北家房前《ふささき》の五男で、実力者の藤原良継が宝亀八年（七七七）九月に亡くなると、翌九年三月に内臣となり、同月内に内臣を改めた忠臣《ちゅうしん》を経て、同十年正月に内大臣となった。この官途は良継の経歴を踏襲したもので、魚名が藤原氏を代表する立場となったのである。そして桓武が即位した天応元年（七八一）四月直後の六月に右大臣大中臣清麻呂が引退すると、魚名は右大臣を超任して左大臣に昇任する。これは即位したばかりの桓武の間隙《かんげき》を突いた人事であった。左大臣に昇って太政官を領導して専権化しようとする魚名、藤原種継・紀船守《きのふなもり》を重用しながら対立する政治勢力の藤原浜成を追放し、大伴家持や坂上苅田麻呂ら反目する公卿に鉄鎚《てっつい》を下して徐々に皇権を確実なものにしていく桓武、この二人の衝突は避けられないものとなった。

翌延暦元年（七八二）六月、ついに桓武は魚名を「あることに縁坐」したとして左大臣を解任、兼官の大宰帥として九州に下向するよう命じた。息子たちの鷹取《たかとり》・末茂《すえしげ》らも地方に左遷している。魚名は下向途中の摂津国で発病して、翌二年五月には帰京したが二か月後に亡くなっている。桓武は魚名の死に際して、左大臣解任に関する詔勅や太政官符の焼却と鷹取らの罪を許すと命じているが、この措置は魚名の無罪を想像させる。

それでは理由となった「あること」とはなんだったのだろうか。帝王の権力を確立しようとする桓武と、桓武を制御して政治にあたろうとする議政官の対立が根底にあったことは確かであり（亀田隆之「藤原魚名左降事件」）、藤原乙牟漏の立后に絡むとの意見がある（中川收「左大臣藤原魚名の左降事件」）。著者は桓武が長子安殿親王の立太子を睨んで、安殿の母である乙牟漏の立后を望んだのに対して、孫娘を桓武に入れている魚名が反対したことではなかったかと考えている（木本「藤原魚名」）。

いずれにしても桓武は魚名を解任したのち、大納言藤原田麻呂を右大臣に、中納言藤原是《これ》公《きみ》を大納言に昇格させ、祖母紀橡姫《とちひめ》と同族の参議紀船守に加えて紀家守《やかもり》をも登用して太政官の掌握をはかって反対派政治勢力を抑えたのである。

4　長岡京遷都と藤原種継暗殺

長岡京遷都

桓武天皇は即位しても天武皇統でないことの劣等感を常に感じていたが、このことを天智天皇―志貴親王《しきしんのう》―光仁天皇から自身につながってきた天智皇統を尊厳化することで克服しようとした。それは天武皇統の天皇たちが都としてきた象徴の平城京を棄《す》て、新たに天智皇統の都城を造営することであった。桓武は延暦元年（七八二）四月に平城宮造営のための造宮省を廃止しているから、この時から遷都を考えていたのであろう。

延暦三年（七八四）五月、遷都を前提に山背国乙訓郡長岡村《おとくにぐんながおかむら》の地勢をみるために藤原種継・佐伯今毛人《いまえみし》・紀船守らが陰陽助《おんようのすけ》（陰陽寮の次官）船田口《ふねのたぐち》を帯同して派遣された。そして六月になって種継・今毛人・船守らを中心とする造長岡宮使《ぞうながおかぐうし》が任命されて長岡宮の造営が開始された。この長岡京《ながおかきょう》造営を最初に建議したのは、「種継薨伝」に「初め首《かしら》として議を建てて都を長岡に遷《うつ》さむとす（最初に中心となって建議して、長岡に遷都しようとした）」（『続日本紀』延暦四年九月丙辰条《ひのえたつ》）とあるように種継であった。桓武は十一月に長岡宮に移幸《いこう》して、ここに実質的に長岡京に遷都されたのである。

では、なぜ新都が長岡の地であったのかであるが、木津川・宇治川《うじがわ》・桂川《かつらがわ》が合流する淀《よど》川《がわ》に近く山崎津《やまさきのつ》・淀津《よどのつ》などがあり、山陰・山陽道にも接して水陸の便がよかったということが最大の理由であった。現在の向日《むこう》・長岡京両市などに所在して、東西四・三キロメートル、南北五・三キロメートルで（國下多美樹『長岡京の歴史考古学研究』）、多くは後期難波宮からの資材を転用し、造東大寺司の職人や近衛府など武官組織を投入して造営工事の進捗《しんちょく》をはかった（清水みき「長岡京の造営と役所」）。

藤原種継暗殺事件と大伴家持

長岡京の造営が突貫工事ですすめられていた延暦四年（七八五）九月二十三日夜、松明《たいまつ》を照らして工事を督促していた造営責任者の藤原種継が射殺されるという事件が起こった。この事件のことは『続日本紀』には簡潔であるが、『日本紀略』には詳細であって、事件の概要がわかる。なぜ『続日本紀』が簡潔かというと、この事件で亡くなった早良廃太子の怨霊に悩まされた桓武天皇が肝要な記事の削除を命じたためである。しかし、『日本紀略』の編者が引用した『続日本紀』はなぜか削除していないものであったのだが、これにはエピソードがある。

桓武没後に即位した平城天皇は種継遺子の仲成《なかなり》・薬子《くすこ》兄妹を寵愛した。薬子は長女が皇太子時代の平城に嫁した時に自らも仕え、平城と男女の関係にもあったらしい（『日本後紀』弘仁元年九月己酉《つちのととり》条）。これを嫌った桓武が退けたものの平城が即位すると再び側に仕え、この兄妹が父種継事件の記事を元通りに掲載させたというが、弘仁元年（八一〇）九月の「薬子の変」（内実は平城太上天皇と嵯峨天皇の抗争事件）で兄妹が滅んだのちに嵯峨天皇によって再び削除されたという。

話がまた横道にそれた。元にもどそう。種継が暗殺されたことをしった桓武は、斎王《さいおう》（伊勢神宮に奉仕した未婚の皇女）として伊勢に赴く朝原内親王（母は酒人内親王）を見送りに行っていた平城京から急いでもどり犯人の捜捕を命じた。その結果、大伴竹良《つくら》と実行犯の伯耆《ほうきの》桴麿《いかだまろ》・牡鹿木積麿《おじかのこづみまろ》の兵士二人を捕らえて訊問したところ、大伴継人・大伴真麿《ままろ》・大伴夫子《ふうし》や佐伯高成《たかなり》と竹良らが事件を企み実行したことを白状した。そこで継人と高成を追及したところ、驚くことにこの事件はすでに二〇日余り前に亡くなっていた大伴家持が「大伴・佐伯両氏が協力して種継を除くべし」と発言したことから起こり、また早良皇太子にも報告していたということがわかった。

主犯である継人をはじめ高成・真麿・竹良らは斬刑となり、実行犯二人も公開処刑された。早良側近の紀白麿《しろまろ》・林稲麿《はやしのいなまろ》や家持の息子永主《ながぬし》らは隠岐・伊豆への遠流に処せられた。さらに吉備真備の息子泉《いずみ》は左遷、和気清麻呂《わけのきよまろ》の息子広世《ひろよ》も禁固となっている。数日後になって、事件は単なる種継暗殺だけではなく桓武の謀殺をも企んでいたということになって早良も乙《おと》訓寺《くにでら》に幽閉された。早良は無実を主張して一〇日余も飲食を断ち、淡路国に移送される途中で亡くなった。遺骸《いがい》はそのまま船に乗せて淡路国に葬った。さらに新皇太子となる安殿親王のライバルと目されていた五百枝王《いおえおう》（桓武の姉能登内親王《のとないしんのう》の子）も伊予国に流されている（木本「五百枝王配流の政治背景」）。

この事件で興味があるのは、家持が事件の首謀者であったのか、早良が事件に関与していたのかである。暗殺事件は家持死後に起こったが、じつは家持の遺体はまだ葬られていなかったとあるからどうなったのであろう。万葉歌人の代表者である家持の最期は悲惨なものとしかいいようがない。事件関係者の多くが大伴氏で、かつ家持が責任者であった春宮坊《とうぐうぼう》の職員であったことは家持の関与を信じさせるにたりる。そして早良であるが、自ら飲食を断ったのではなく、桓武が飲食物を与えなかったというのが実態であろう。早良は主体的に事件に関与したのではなく、意図せずに巻きこまれたというのが真実に近いとの理解（西本昌弘『桓武天皇』）が主流になりつつある。

この種継暗殺事件の背景であるが、これについては①大伴継人らの暴発説、②早良皇太子派の暴発説、③長岡京遷都反対派の暴発説、④長岡京造営方針対立説、⑤皇位継承問題対立説などが提示・検討されている（西本昌弘『早良親王』）。しかしその実態は、不仲である早良を忌避し、桓武・乙牟漏（種継とは従兄妹の関係）の意向をうけて安殿の擁立をはかる種継の言動を、早良皇太子の排除につながるものと危険視した早良側近の家持ら大伴氏や春宮坊の官人が暗殺したのであろう（木本『藤原種継』）。

奈良時代の終焉

長岡宮は、歴代の宮都にはない特色ある宮殿であった。これは唐の長安城《ちょうあんじょう》大明宮《たいめいきゅう》を参考にしたためであるとともに、なにより桓武天皇が王権の象徴として最新の宮殿を建設して、新皇統の始まりを演出しようとしたためであった（國下多美樹『長岡京の歴史考古学研究』）。

桓武は、種継暗殺事件直後の延暦四年（七八五）十月、天智天皇の山科山陵《やましなのみささぎ》や父光仁天皇の田原山陵《たはらのみささぎ》、聖武天皇の後佐保山陵《のちのさほのみささぎ》に、早良の廃太子を報告する使者を派遣し、新王朝たる天智皇統の創始をアピールしている。そして同六年十一月には、河内国交野で昊天上《こうてんじょう》帝《てい》（天帝）を祀り、光仁を合わせ祀る郊祀《こうし》を行っている（林陸朗「長岡・平安京と郊祀円丘」）。郊祀とは、儒教の祭祀で王都の南郊に円丘を築き、昊天上帝と太祖《たいそ》（新王朝最初の帝王）を祀るものだが、この儀礼で桓武は新王朝の確立を明示し（大隅清陽「桓武天皇」）、光仁を太祖とする新皇統である天智皇統の正統性を主張したのである。

また桓武の即位した天応元年（七八一）は干支《かんし》（甲・乙……の十干と子・丑……の十二支の組み合わせ）では辛酉《しんゆう》の革命《かくめい》（王朝交代）の年、長岡京に遷都した延暦三年（七八四）は甲子《かっし》の革令《かくれい》（争乱）の年と、ともに異変が起こりやすいとされる干支にあたっている。偶然だとする見解もあるが（佐野真人「桓武天皇の御生涯と祭祀」）、これは天智系の新王朝を樹立したことを印象づけようとしたものであり（西本昌弘『桓武天皇』）、これによって桓武はようやく天武皇統への劣等感から脱したのであった。

ここに「奈良時代」は、その象徴である平城京が廃都となっただけでなく、もう一つの象徴である天武皇統の天皇による統治も廃絶したことで終焉を迎えたのである。

終　章　皇位継承をめぐる政争の時代

律令の修正・整備

大宝律令は、大宝元年（七〇一）六月に施行が宣言されたが（諸説ある）、完全なものではなかった。その一例をあげると、太政官組織についても「官員令」では太政大臣・左大臣・右大臣各一人と大納言四人で構成することになっていたが、すでに同二年五月にはのちに官制化する参議に先立つ参議朝政を設け、慶雲二年（七〇五）四月には大納言を二名減員して、新たに中納言三名を設けている。また同三年二月には、「禄令」による三位以上には食封《じきふ》を、四位以下には絁《あしぎぬ》など物品を位禄として支給するとした規定を四位以上にも食封を支給することとし、「継嗣令《けいしりょう》」の五世王を皇籍から除外した規定を見直して皇親とするなど修正している。

さらに「選任令」には蔭位《おんい》での出身規定はあるが、どのように審査して位階を授けるかのことや、「名例律《みょうれいりつ》」には除名処分をうけた者は六年後に叙位を許されるという規定があるが、その叙位の方法などが詳細でなかったことから細則を作成するなど整備している。

その後も律令を修正・整備する格《きゃく》、律令と格の施行細則である式が発布されて、その時々に即した政治改革が行われていった。『類聚三代格《るいじゅさんだいきゃく》』が引く「弘仁格式序《こうにんきゃくしきのじょ》」には「大宝元年（七〇一）より弘仁十年（八一九）までで式四〇巻、格一〇巻に詳しくまとめている」とあり、詔勅・太政官符と区別して、格は四〇条余ほど引かれ、奈良時代をとおして格式でもって律令の修正・整備が加えられていった。

皇位継承をめぐる政争

大宝二年（七〇二）十二月に持統太上天皇《じとうだいじょうてんのう》は宿願であった孫の文武天皇《もんむてんのう》の在位を見届けて没したが、その意中には二歳になったばかりの曽孫首皇子《おびとのおうじ》（聖武天皇《しょうむてんのう》）へのさらなる皇統の継承を夢みていたのは確かなことであったと思う。この持統の宿望をかなえるため、文武の早世後に元明《げんめい》・元正《げんしょう》の二代の女帝を中継ぎとしてまで首の即位を待ったのであった。すでに論じてきたように、この過程で文武・元明即位時には天武天皇《てんむてんのう》の皇子たちとの、元正即位とそして待たれた聖武の即位時にも母が臣下出身（非皇族）であることでの長屋王《ながやおう》ら皇親の不満から皇位継承をめぐる政争があった。

聖武は光明子《こうみょうし》との間に生まれた基王《もといおう》を出生後ただちに皇太子に立てたが、満一歳にならずに没したため娘孝謙天皇《こうけんてんのう》に譲位したものの独身で後継がいないことから、皇位継承をめぐる政争は収まることがなく皇親を巻きこんで橘《たちばなの》奈良麻呂《ならまろ》の変が起こった。その後も淳仁《じゅんにん》天皇《てんのう》と孝謙太上天皇の権力闘争があり、孝謙重祚《ちょうそ》後の称徳《しょうとく》朝にも聖武皇孫の氷上志計志《ひがみのしけし》麻呂《まろ》事件や道鏡の皇位覬覦《きゆ》事件、称徳没後の光仁天皇《こうにんてんのう》の擁立、光仁の後継に絡む聖武皇女井上皇后《いのえこうごう》と他戸皇太子《おさべこうたいし》の廃后・廃太子事件と桓武天皇《かんむてんのう》の擁立、そして桓武による氷上川継《かわつぐ》事件、長子安殿親王《あてしんのう》につなぐための実弟早良皇太子《さわらこうたいし》の追放など、奈良時代にはつぎつぎと皇位継承をめぐる政争・政変が出来《しゅったい》した。これにはもちろん、藤原不比等《ふじわらのふひと》・長屋王・藤原武智《むち》麻呂《まろ》や橘諸兄《もろえ》、そして藤原仲麻呂《なかまろ》や藤原良継《よしつぐ》・吉備真備《きびのまきび》、藤原浜成《はまなり》らの王臣も深く関与して権力闘争が激しかった。

そして、この経緯を一望すると、文武の皇嗣として、そして娘孝謙女帝の即位から、桓武立太子に際しての娘井上廃后・孫他戸廃太子にいたるまで、奈良時代をとおして聖武の存在が大きく影響していることをあらためて認識させられる。その点で、聖武の天皇としての実像を解明することが奈良時代政治史最大の課題なのかもしれない。

責任を回避した聖武天皇

文武天皇が慶雲四年（七〇七）六月に二五歳という若さで没すると、七歳の首皇子（聖武天皇）にどのようにして皇位を伝えるのかということが問題となり、将来の首からの皇位継承ということも含め、それは当時の政界だけではなく奈良時代を通しての最大の課題となって、そのことをめぐって天皇・皇后をはじめ貴族官人らが権力闘争を繰りかえしたことは既述してきた。

そして、奈良時代の終焉につながる天武天皇からの皇統の断絶という事態については、本当に多くの原因が複雑にからんでいると思うが、やはり元明・元正女帝が必死となって伝えて皇位に即いた聖武天皇が、基王・安積親王《あさかしんのう》という男子が早世して、これに皇位を伝えることができなかったという不運があったものの、それを克服することが聖武に課せられた問題であった。

しかし、娘孝謙の立太子に際しても光明皇后が主導して聖武は自ら積極的な判断をしなかったし、その孝謙の後継決定についても優柔不断で七年間も放置した。やっと死にあたって遺言で道祖王《ふなどおう》を皇太子に指名したが、この後継指名は光明が生家を託した仲麻呂との連携を基軸としながらの、藤原豊成《とよなり》・永手《ながて》や文室浄三《ふんやのじょうさん》、大伴古麻呂《おおとものこまろ》、そして橘奈良麻呂らとの政争のなかで御破算となるから、結果的には聖武は解決することなく没したことになる。天武皇統の断絶は、もとはといえば娘孝謙が独身であったのだから早く貴族官人の納得する皇太子を決めて、次代を背負う天皇として育てていればふせぐことができた。聖武を優柔不断だとする事由である。

水泡に帰した光明皇后の構想

このような優柔不断な聖武天皇に代わってその問題を解決しようとしたのが、藤原不比等の娘の光明皇后であった。光明は父の政治構想をよく理解しており、その実現のために聖武の妻となった自分の宿命に対峙した。

光明は聖武の後継として、生家藤原氏の発展をも考慮しつつ、娘孝謙天皇の即位を主導した。しかし、孝謙が年齢を重ねて皇統断絶が現実味を帯びると、天武・持統に象徴される草壁直系皇統をあきらめて、藤原仲麻呂の希望をいれて舎人親王《とねりしんのう》王子である淳仁天皇の即位を領導し、舎人皇統の創生により傍系とはいえどうにか天武皇統の存続をはかったのである。

しかし、これにかねて不満をいだいていた孝謙太上天皇が光明の没後に権勢欲と草壁皇統のプライドから淳仁と対立して淡路国に配したうえで死を迫り、ここに光明の天武皇統存続の将来構想は潰《つい》えた。重祚した称徳天皇（孝謙太上天皇）は、貴族官人から早く皇太子を立てるよう要望されながら自己権力の保持から拒絶し、のちに道鏡への譲位を画策して貴族官人らの反発をかうなど政治の混乱を招いた。

結局、称徳は父聖武と同様、後継天皇を擁して皇位をつなぐという最大の責任を果たさなかった。藤原式家を中心とするいわば無血クーデターにより、聖武の娘婿とはいえ天智天皇皇孫の光仁天皇が即位し、皇統は天武系から天智系へと移った。光仁の即位は本来、聖武の娘井上皇后との間に生まれた他戸皇太子へと中継するだけのものであったが、井上・他戸母子が謀殺されたことで、天武、そして聖武の血を引かない桓武天皇が即位することになった。桓武は自らの即位によって皇統が天智系に移ったことを天下にしらしめるために遷都を断行した。都は長岡京へと遷《うつ》り、平城京の廃都とともに奈良時代は終焉を迎えたのである。

その長岡京も推進者の藤原種継を失い、桓武が種継の死穢《しえ》、早良廃太子の死霊を忌み恐れたこともあって遷都が模索され、和気清麻呂《わけのきよまろ》の提言をいれて葛野郡宇太村《かどのぐんうだむら》を新京の地と定め、延暦十三年（七九四）十月に新京に遷って、遷都の詔《みことのり》を発した。新京は、地勢が青龍（東方）・朱雀（南方）・白虎（西方）・玄武（北方）の四神に応じた都城経営に最良の土地とされ、天皇を称《たた》え慕う国民が「異口同音に、平安京といった」という（『日本後紀』延暦十三年十一月丁丑《ひのとうし》条）ことから平安京と名づけられた。平安京はこののち、千年有余の都となった。

奈良時代は概括すると、律令の修正・整備と皇位継承をめぐる政争の時代といえる。その推移のなかでの主人公は、皇太子・天皇・太上天皇として四二年間もの長い間君臨しつづけた聖武であったといってよい。奈良時代はとりわけ、その優柔不断な聖武とプライドが高すぎる孝謙（称徳）父娘をめぐっての、貴族官人や庶民を巻きこんだ権力闘争が繰りかえされた政争の時代であったといえる。

おわりに

今年三月初旬のある日、朝日新聞夕刊の「一語一会《いちごいちえ》」というコーナーに、日本語学者金田《きんだ》一秀穂《いちひでほ》氏が大学の恩師に「研究者に向いているでしょうか。才能あるでしょうか」と聞いたところ、恩師は「才能というのはね、能力のことじゃないんだ。どうしてもやめられない性格のことなんだよ」といわれたという話がのっていた。

わたくしも高校生時代に淳仁天皇陵を横目にみながら通学して、なぜ奈良を遠く離れたところに天皇陵があるのだろうか、そのわけをしりたいと国史学科にすすんで、卒論を書き始めてから半世紀を超え、いまどうにか奈良時代史の研究者の末席に連なっている。しかし、これは高校生の時に赤点もとっていたくらいだから能力があってのことではない。

奈良時代政治史が好きだったから妻子を抱えての就職浪人時代でも研究を止《や》めることなど考えたことはただの一度もなかったし、加えて恩師や私淑した先生方のご教導のおかげでつづけてこられて、現在のわたくしがある。誇るような業績を残すことはできていないが、ただ好きで半世紀もつづけてきた結果の一つが本書である。

著述にあたっては、奇をてらうことを避けながら、史料を素直に解釈して真正面から真実に迫り、そのなかで今までの研究成果を参考にいくつかのことで新しい歴史事実を提示しているので興味をもって読んでいただけたらと思う。

最後にぜひとも一言、本書の編集を担当された並木光晴氏には本当にお世話になった。友人の遠山美都男氏を通じて並木氏から中公新書執筆のお話をいただいたのは二〇二一年夏のことであった。並木氏からはメールや電話での長い会話から、その豊かな編集経験からだけではなく読者目線からの著者の意図を念頭においたうえでのご助言をいただいた。著者は生来の愚鈍さに加えて、齢七〇歳を越しているから記憶力や集中力の衰えは激しく筆のすすみも滞りがちになる。そのような時にはなにかと励ましのメールがあって、やっとお約束の期限内に脱稿することができた。心よりお礼を申し上げたいと思う。また、友人の遠山氏とは以前から来寧《らいねい》の時に夕食をともにするなど親しくご高誼をいただいている。あらためて深甚の謝意を表する次第である。

二〇二二年六月

木本好信

参考文献

研究書等

■全章に関わるもの

青木和夫「律令国家の権力構造」(『岩波講座日本歴史』3、古代3、岩波書店、一九七六年)
伊集院葉子『日本古代女官の研究』(吉川弘文館、二〇一六年)
鐘江宏之『律令国家と万葉びと』(小学館、二〇〇八年)
木本好信『律令貴族と政争』(塙書房、二〇〇一年)
木本好信『藤原北家・京家官人の考察』(岩田書院、二〇一五年)
木本好信『藤原南家・北家官人の考察』(岩田書院、二〇一九年)
木本好信『藤原式家官人の考察　新装復刊』(岩田書院、二〇一九年)
倉本一宏『奈良朝の政変劇』(吉川弘文館、一九九八年)
倉本一宏『藤原氏の研究』(雄山閣出版、二〇一七年)
坂上康俊『平城京の時代』(岩波書店、二〇一一年)
栄原永遠男『天平の時代』(集英社、一九九一年)
坂本太郎『日本全史』2(東京大学出版会、一九六〇年)
佐々田悠「奈良時代の争乱」(『古代史講義』筑摩書房、二〇一八年)
佐藤信編『律令国家と天平文化』(吉川弘文館、二〇〇二年)
高島正人『奈良時代諸氏族の研究』(吉川弘文館、一九八三年)
中川收『奈良朝政争史』(教育社、一九七九年)
中西康裕『続日本紀と奈良朝の政変』(吉川弘文館、二〇〇二年)

中野渡俊治『古代太上天皇の研究』（思文閣出版、二〇一七年）
西宮秀紀『奈良の都と天平文化』（吉川弘文館、二〇一三年）
森公章『奈良貴族の時代史』（講談社、二〇〇九年）
吉川真司『聖武天皇と仏都平城京』（講談社、二〇一一年）
渡辺晃宏『平城京と木簡の世紀』（講談社、二〇〇一年）

■序章　律令国家への道——天武天皇と後継者たち

押部佳周「「大津皇子、始聴ニ朝政一。」の意義」（『日本律令成立の研究』塙書房、一九八一年）
寺崎保広「元明天皇即位に関する覚書」（『奈良史学』第三七号、二〇二〇年）
遠山美都男「「吉野盟約」の史的意義」（『古代王権と祭儀』吉川弘文館、一九九〇年）
直木孝次郎『持統天皇』（吉川弘文館、一九六〇年）
直木孝次郎「河嶋皇子の悩み」（『飛鳥』吉川弘文館、一九九〇年）

■第一章　律令国家建設と平城京

秋本吉郎「九州及び常陸国風土記の編述と藤原宇合」（『国語と国文学』第三二巻第五号、一九五五年）
荊木美行「侍従に関する覚書」（『初期律令官制の研究』和泉書院、一九九一年）
荊木美行「大宝律令の編纂と浄御原律令」（『初期律令官制の研究』和泉書院、一九九一年）
荊木美行『風土記と古代史料の研究』（国書刊行会、二〇一二年）
今泉隆雄「按察使制度の一考察」（『国史談話会雑誌』第一三号、一九六九年）
上田正昭『藤原不比等』（朝日新聞社、一九八六年）
上田正昭『古代日本の女帝』（講談社、一九九六年）
遠藤慶太『日本書紀の形成と諸資料』（塙書房、二〇一五年）
押部佳周「大宝律令の成立」（『日本律令成立の研究』塙書房、一九八一年）
川﨑晃「藤原不比等」（『法制と社会の古代史』慶應義塾大学出版会、二〇一五年）
北啓太「聖武天皇」（『奈良の都』清文堂出版、二〇一六年）

参考文献

木本好信「石上国盛と石上国守」(『続日本紀研究』第三二〇号、一九九九年)
木本好信『律令貴族と政争』(塙書房、二〇〇一年)
木本好信『藤原四子』(ミネルヴァ書房、二〇一三年)
木本好信「藤原不比等と四子」(『史聚』第五四号、二〇二一年)
木本好信「県犬養橘三千代と県犬養広刀自」(『奈良時代貴族官人と女性の政治史』和泉書院、二〇二二年)
栄原永遠男「和同開珎の誕生」(『歴史学研究』第四一六号、一九七五年)
坂本太郎「養老律令の施行に就いて」(『史学雑誌』第四七編第八号、一九三六年)
坂元義種「按察使制の研究」(『ヒストリア』第四四・四五号、一九六六年)
桜田真理絵「未婚の女帝と皇位継承」(『駿台史学』第一五六号、二〇一六年)
佐藤長門「史実としての古代女帝」(『東アジアの古代文化』第一二一号、二〇〇四年)
佐藤信「『家伝』と藤原仲麻呂」(『藤氏家伝』吉川弘文館、一九九九年)
篠川賢『物部氏』(吉川弘文館、二〇〇九年)
関根淳「天皇記とその前後」(『日本書紀の誕生』八木書店、二〇一八年)
高島正人「藤原不比等の藤氏振興策」(『立正大学文学部論叢』第七一号、一九八一年)
高島正人「藤原不比等の内政策の特質」(『立正大学文学部研究紀要』第一号、一九八五年)
高島正人『藤原不比等』(吉川弘文館、一九九七年)
高島正人「「中納言」・「参議」の新置とその意義」(『奈良時代の藤原氏と朝政』吉川弘文館、一九九九年)
土橋寛『持統天皇と藤原不比等』(中央公論新社、二〇一七年)
角田文衞「首皇子の立太子」(『律令国家の展開』法蔵館、一九八五年)
東野治之「飛鳥奈良朝の祥瑞災異思想」(『日本歴史』第二五九号、一九六九年)
東野治之「元正天皇と赤漆文欟木厨子」(『日本古代史料学』岩波書店、二〇〇五年)
虎尾達哉『日本古代の参議制』(吉川弘文館、一九九八年)
直木孝次郎『持統天皇』(吉川弘文館、一九六〇年)
中川收「藤原不比等の政界進出」(『政治経済史学』第一二〇号、一九七六年)
野村忠夫『律令政治の諸様相』(塙書房、一九六八年)

長谷部将司「藤原仲麻呂と『藤氏家伝』」(『藤原仲麻呂政権とその時代』岩田書院、二〇一三年)
早川庄八「律令国家・王朝国家における天皇」(『日本の社会史』第三巻、岩波書店、一九八七年)
早川万年「元正天皇の美濃行幸をめぐって」(『岐阜県歴史資料館報』第二〇号、一九九七年)
林陸朗『光明皇后』(吉川弘文館、一九六一年)
林陸朗「巡察使の研究」(『上代政治社会の研究』吉川弘文館、一九六九年)
福原栄太郎「藤原朝臣不比等の登場」(『続日本紀の時代』塙書房、一九九四年)
森博達『日本書紀の謎を解く』(中央公論新社、一九九九年)
山下信一郎「元明天皇・元正天皇」(『奈良の都』清文堂出版、二〇一六年)
利光三津夫「養老律令の編纂とその政治的背景」(『続律令制とその周辺』慶應通信、一九七三年)
渡部育子『元明天皇・元正天皇』(ミネルヴァ書房、二〇一〇年)

■第二章　皇親政治と藤原氏

市大樹「大宝令施行直後の衛門府木簡群」(『木簡研究』第二九号、二〇〇七年)
大山誠一『長屋王家木簡と奈良朝政治史』(吉川弘文館、一九九三年)
川崎庸之「長屋王時代」(『記紀万葉の世界』東京大学出版会、一九八二年)
岸俊男「光明立后の史的意義」(『日本古代政治史研究』塙書房、一九六六年)
木本好信「長屋王と政権の実態」(『米沢史学』第五号、一九八九年)
木本好信「長屋王の年齢」(『大伴旅人・家持とその時代』桜楓社、一九九三年)
木本好信『藤原四子』(ミネルヴァ書房、二〇一三年)
木本好信「藤原武智麻呂」(『藤原南家・北家官人の考察』岩田書院、二〇一九年)
倉本一宏「律令国家の政権構造」(『日本古代国家成立期の政権構造』吉川弘文館、一九九七年)
倉本一宏『藤原氏の研究』(雄山閣出版、二〇一七年)
河内祥輔『古代政治史における天皇制の論理』(吉川弘文館、一九八六年)
笹山晴生「中衛府の研究」(『古代学』第六巻第三号、一九五七年)
新川登亀男「奈良時代の道教と仏教」(『論集日本仏教史』第二巻、雄山閣出版、一九八六年)

高島正人「奈良時代の多治比真人氏」（『奈良時代諸氏族の研究』吉川弘文館、一九八三年）
角田文衞「不比等の娘たち」（『古代文化』第一二巻第四・五号、一九六四年）
寺崎保広『長屋王』（吉川弘文館、一九九九年）
寺崎保広「光明皇后」（『奈良の都』清文堂出版、二〇一六年）
遠山美都男『彷徨の王権　聖武天皇』（角川書店、一九九九年）
直木孝次郎「長屋王の変について」（『奈良時代史の諸問題』塙書房、一九六八年）
直木孝次郎「長屋王邸出土木簡に関する二、三の考察」（『日本の宗教と文化』同朋舎出版、一九八九年）
直木孝次郎「額田王の年齢と蒲生野遊猟」（『続日本紀研究』第三三一号、二〇〇一年）
中川收「養老六年の多治比三宅麻呂誣告事件」（『政治経済史学』第一〇八号、一九七五年）
中川收「長屋王とその王子たち」（『政治経済史学』第三〇〇号、一九九一年）
中川收「長屋王首班体制とその政治」（『奈良朝政治史の研究』髙科書店、一九九一年）
中川收「藤原武智麻呂と藤原房前」（『古代文化』第四五巻第八号、一九九三年）
中川收「長屋王の変をめぐる諸問題」（『日本古代の国家と祭儀』雄山閣出版、一九九六年）
中村順昭「長屋王」（『奈良の都』清文堂出版、二〇一六年）
奈良国立文化財研究所『平城京長屋王邸跡』本文編（吉川弘文館、一九九六年）
野村忠夫『律令官人制の研究』（吉川弘文館、一九六七年）
野村忠夫『律令政治の諸様相』（塙書房、一九六八年）
森公章『長屋王家木簡の基礎的研究』（吉川弘文館、二〇〇〇年）
山縣明人「天平元年段階における政治権力構造について」（『政治経済史学』第二八四号、一九八九年）
山田英雄「奈良時代における律の適用」（『日本古代史攷』岩波書店、一九八七年）
吉川真司『聖武天皇と仏都平城京』（講談社、二〇一一年）
吉川敏子「奈良時代の内臣」（『律令貴族成立史の研究』塙書房、二〇〇六年）
渡辺晃宏『平城京と木簡の世紀』（講談社、二〇〇一年）

■第三章　藤原四家の分立
石井正敏『日本渤海関係史の研究』（吉川弘文館、二〇〇一年）
岩橋小弥太「宅司考」（『上代官職制度の研究』吉川弘文館、一九六二年）
勝浦令子「七・八世紀の仏教社会救済活動」（『史論』第五四号、二〇〇一年）
岸俊男「光明立后の史的意義」（『日本古代政治史研究』塙書房、一九六六年）
木本好信「藤原四子体制と宇合」（『古代文化』第四四巻第一号、一九九二年）
木本好信『藤原四子』（ミネルヴァ書房、二〇一三年）
木本好信「藤原房前像の再検討」（『政治経済史学』第五六二号、二〇一三年）
新川登亀男「橘諸兄」（『奈良の都』清文堂出版、二〇一六年）
鈴木拓也「払田柵と雄勝城に関する試論」（『古代東北の支配構造』吉川弘文館、一九九八年）
薗田香融「「国造豊足解」をめぐる二三の問題」（『関西大学文学論集』第八巻第四号、一九五九年）
高島正人「藤原不比等の内政策の特質」（『立正大学文学部研究紀要』第一号、一九八五年）
瀧浪貞子「武智麻呂政権の成立」（『古代文化』第三七巻第一〇号、一九八五年）
中川收「続・藤原武智麻呂と藤原房前」（『政治経済史学』第三四七号、一九九五年）
中村順昭『橘諸兄』（吉川弘文館、二〇一九年）
新野直吉『古代東北の兵乱』（吉川弘文館、一九八九年）
野村忠夫『律令政治の諸様相』（塙書房、一九六八年）
林陸朗『光明皇后』（吉川弘文館、一九六一年）
林陸朗「巡察使の研究」（『上代政治社会の研究』吉川弘文館、一九六九年）
義江明子『県犬養橘三千代』（吉川弘文館、二〇〇九年）
吉川敏子「藤原武智麻呂」（『奈良の都』清文堂出版、二〇一六年）
吉田孝「律令国家の諸段階」（『律令国家と古代の社会』岩波書店、一九八三年）

■第四章　遷都と大仏造立
岩井照芳「恭仁京の復元」（『古代文化』第六四巻第一号、二〇一二年）

大友裕二「「広嗣の乱」に関する一考察」(『皇学館史学』第二七号、二〇一二年)
勝浦令子『孝謙・称徳天皇』(ミネルヴァ書房、二〇一四年)
北啓太「聖武天皇」(『奈良の都』清文堂出版、二〇一六年)
北山茂夫「七四〇年の藤原広嗣の叛乱」(『日本古代政治史の研究』岩波書店、一九五九年)
木本好信「藤原広嗣の乱について」(『奈良朝政治と皇位継承』高科書店、一九九五年)
木本好信「石上国盛と石上国守」(『続日本紀研究』第三二〇号、一九九九年)
木本好信「藤原仲麻呂による安積親王暗殺説の検討」(『奈良時代の政争と皇位継承』吉川弘文館、二〇一二年)
木本好信『藤原四子』(ミネルヴァ書房、二〇一三年)
木本好信「橘佐為の娘たち」(『奈良時代貴族官人と女性の政治史』和泉書院、二〇二二年)
木本好信「塩焼王についての考察」(『奈良時代貴族官人と女性の政治史』和泉書院、二〇二二年)
栄原永遠男「藤原広嗣の乱の展開過程」(『大宰府古文化論叢』上巻、吉川弘文館、一九八三年)
栄原永遠男『聖武天皇と紫香楽宮』(敬文舎、二〇一四年)
坂本太郎「藤原広嗣の乱とその史料」(『六国史』吉川弘文館、一九八九年)
佐藤長門「藤原広嗣」(『敗者で読み解く古代史の謎』KADOKAWA、二〇一四年)
塚野重雄「不破内親王の直叙と天平十四年塩焼王配流事件(下)」(『古代文化』第三五巻第八号、一九八三年)
鶴見泰寿『東大寺の考古学』(吉川弘文館、二〇二一年)
寺崎保広「光明皇后」(『奈良の都』清文堂出版、二〇一六年)
寺崎保広『聖武天皇』(山川出版社、二〇二〇年)
遠山美都男『彷徨の王権 聖武天皇』(角川書店、一九九九年)
遠山美都男『天平の三姉妹』(中央公論新社、二〇一〇年)
直木孝次郎「天平十六年の難波遷都をめぐって」(『飛鳥奈良時代の研究』塙書房、一九七五年)
直木孝次郎「天平十八年の任官記事をめぐって」(『夜の船出』塙書房、一九八五年)
中川收「塩焼王をめぐる諸問題」(『北海道私学教育研究協会研究紀要』第九号、一九六六年)
中村順昭『橘諸兄』(吉川弘文館、二〇一九年)
松尾光「藤原広嗣の乱と聖武天皇」(『天平の政治と争乱』笠間書院、一九九五年)

松尾光『古代政治史の死角』(花鳥社、二〇二二年)
松川博一「藤原広嗣の乱」(『古代史講義【戦乱篇】』筑摩書房、二〇一九年)
森公章「藤原広嗣の乱と遣唐留学者の行方」(『古代日本の政治と制度』同成社、二〇二一年)
八木充「藤原広嗣の叛乱」(『山口大学文学会志』第一一巻第二号、一九六〇年)
横田健一「安積親王の死とその前後」(『南都仏教』第六号、一九五九年)
渡辺晃宏『平城京と木簡の世紀』(講談社、二〇〇一年)

■第五章　専権貴族の登場

五十嵐基善「新羅征討計画における軍事力動員の特質」(『駿台史学』第一五二号、二〇一四年)
石井正敏『日本渤海関係史の研究』(吉川弘文館、二〇〇一年)
榎本淳一「藤原仲麻呂政権における唐文化の受容」(『藤原仲麻呂政権とその時代』岩田書院、二〇一三年)
遠藤慶太「尚侍からみた藤原仲麻呂政権」(『藤原仲麻呂政権とその時代』岩田書院、二〇一三年)
岸俊男『藤原仲麻呂』(吉川弘文館、一九六九年)
木本好信『藤原仲麻呂政権の基礎的考察』(高科書店、一九九三年)
木本好信『藤原仲麻呂』(ミネルヴァ書房、二〇一一年)
木本好信「孝謙太上天皇・淳仁天皇の帝権分離について」(『奈良時代の政争と皇位継承』吉川弘文館、二〇一二年)
木本好信「黄文王と橘奈良麻呂」(『奈良平安時代史の諸問題』和泉書院、二〇二一年)
木本好信「橘奈良麻呂の変の密告について」(『古典と歴史』第九号、二〇二一年)
木本好信『藤原仲麻呂政権の基礎的考察』(志学社、二〇二一年)
木本好信「道祖王立太子についての一試論」(『奈良時代政治史研究』第一号、二〇二二年)
河内春人「詔勅・処分にみる新羅観と新羅征討政策」(『駿台史学』第一〇八号、一九九九年)
坂本太郎「養老律令の施行に就いて」(『史学雑誌』第四七編第八号、一九三六年)
酒寄雅志「八世紀における日本の外交と東アジアの情勢」(『国史学』第一〇三号、一九七七年)
佐々田悠「奈良時代の争乱」(『古代史講義』筑摩書房、二〇一八年)

参考文献

佐藤信「『家伝』と藤原仲麻呂」（『藤氏家伝』吉川弘文館、一九九九年）
関根淳「藤原仲麻呂の算術と政策」（『藤原仲麻呂政権とその時代』岩田書院、二〇一三年）
曽我部静雄『律令を中心とした日中関係史の研究』（吉川弘文館、一九六八年）
瀧川政次郎「問民苦使考」（『歴史学研究』第三巻第三号、一九三五年）
瀧川政次郎「紫微中台考」（『法制史研究』第四号、一九五四年）
瀧川政次郎「保良京考」（『史学雑誌』第六四編第四号、一九五五年）
瀧浪貞子「孝謙女帝の皇統意識」（『日本古代宮廷社会の研究』思文閣出版、一九九一年）
角田文衞「恵美押勝の乱」（『古代文化』第六巻第六号、一九六一年）
寺崎保広「藤原仲麻呂（恵美押勝）の乱」（『古代史講義【戦乱篇】』筑摩書房、二〇一九年）
中川收「藤原良継の変」（『続日本紀研究』第七巻第二・三号、一九六〇年）
中川收「山背王をめぐる諸問題」（『史聚』第三八号、二〇〇六年）
中川修「藤原仲麻呂と養老僧尼令」（『史聚』第四七号、二〇一四年）
中西康裕『続日本紀と奈良朝の政変』（吉川弘文館、二〇〇二年）
中村順昭『橘諸兄』（吉川弘文館、二〇一九年）
浜田久美子「藤原仲麻呂と「高麗」」（『史聚』第四九号、二〇一六年）
早川庄八「古代天皇制と太政官政治」（『講座日本歴史』2、古代2、東京大学出版会、一九八四年）
早川庄八『日本古代の文書と典籍』（吉川弘文館、一九九七年）
春名宏昭『〈謀反〉の古代史』（吉川弘文館、二〇一九年）
平井美典『藤原仲麻呂がつくった壮麗な国庁』（新泉社、二〇一〇年）
藤井一二『天平の渤海交流』（塙書房、二〇一〇年）
古市晃「孝謙・称徳天皇」（『平城京の落日』清文堂出版、二〇〇五年）
松尾光「藤原仲麻呂の乱」（『天平の政治と争乱』笠間書院、一九九五年）
村山修一「藤原仲麻呂」（『変革期の人傑』塙書房、二〇〇三年）
森田悌「越中守時代の大伴家持」（『古代国家と万葉集』新人物往来社、一九九一年）
柳雄太郎『律令制と正倉院の研究』（吉川弘文館、二〇一五年）

柳澤和明「多賀城碑建立と新羅侵攻計画の関連性」(『歴史』第一三七輯、二〇二一年)

■第六章　異形の仏教政治

尾畑光郎「称徳・道鏡政権形成過程についての覚書」(『日本社会史研究』第七号、一九六〇年)
勝浦令子『孝謙・称徳天皇』(ミネルヴァ書房、二〇一四年)
北山茂夫「道鏡をめぐる諸問題」(『日本古代政治史の研究』岩波書店、一九五九年)
木本好信『続日本紀』天平神護元年十月甲申条をめぐって」(『日本歴史』第四九七号、一九八九年)
木本好信「石上志斐弖という女性」(『奈良時代の藤原氏と諸氏族』おうふう、二〇〇四年)
木本好信「淳仁廃帝の反攻試論」(『政治経済史学』第五九一号、二〇一六年)
木本好信「称徳・道鏡政権の実態と皇位継承」(『藤原南家・北家官人の考察』岩田書院、二〇一九年)
栄原永遠男「称徳・道鏡政権の政権構想」(『追手門経済論集』第二七巻第一号、一九九二年)
坂本太郎『日本全史』2(東京大学出版会、一九六〇年)
鷺森浩幸「道鏡」(『平城京の落日』清文堂出版、二〇〇五年)
佐藤信「律令国家と天平文化」(『律令国家と天平文化』吉川弘文館、二〇〇二年)
沢野直弥「称徳朝における皇嗣問題」(『史聚』第三二号、一九九九年)
瀧川政次郎「法王と法王宮職」(『律令諸制及び令外官の研究』角川書店、一九六七年)
瀧浪貞子「藤原永手と藤原百川」(『日本古代宮廷社会の研究』思文閣出版、一九九一年)
瀧浪貞子『奈良朝の政変と道鏡』(吉川弘文館、二〇一三年)
谷本啓「道鏡の大臣禅師・太政大臣禅師・法王」(『ヒストリア』第二一〇号、二〇〇八年)
角田文衞「勅旨省と勅旨所」(『律令国家の展開』法蔵館、一九八五年)
寺西貞弘「道鏡と西大寺」(『古代史の海』第一〇二号、二〇二一年)
直木孝次郎「古代における皇胤伝説と天皇」(『奈良時代史の諸問題』塙書房、一九六八年)
直木孝次郎「淡路廃帝淳仁の死をめぐって」(『飛鳥奈良時代の考察』高科書店、一九九六年)
中川收「天平神護元年における和気王の謀叛」(『日本歴史』第一七九号、一九六三年)
中川收「称徳・道鏡政権の形成過程」(『日本歴史』第一九六号、一九六四年)

中川收「称徳・道鏡政権下の藤原氏」(『続日本紀研究』第一二六号、一九六五年)
中川收「称徳・道鏡政権の構造とその展開」(『奈良朝政治史の研究』髙科書店、一九九一年)
古市晃「孝謙・称徳天皇」(『平城京の落日』清文堂出版、二〇〇五年)
持田泰彦「称徳朝における大量叙位とその影響」(『古代王権と祭儀』吉川弘文館、一九九〇年)
山本幸男「孝謙太上天皇と道鏡」(『奈良朝仏教史攷』法藏館、二〇一五年)
横田健一『道鏡』(吉川弘文館、一九五九年)
渡辺直彦『日本古代官位制度の基礎的研究』(吉川弘文館、一九七二年)

■第七章　新王朝と藤原式家

阿部猛「天応二年の氷上川継事件」(『平安前期政治史の研究　新訂版』髙科書店、一九九〇年)
井上満郎『桓武天皇』(ミネルヴァ書房、二〇〇六年)
大隅清陽「桓武天皇」(『平安の新京』清文堂出版、二〇一五年)
亀田隆之「藤原魚名左降事件」(『奈良時代の政治と制度』吉川弘文館、二〇〇一年)
亀田隆之「氷上川継事件」(『奈良時代の政治と制度』吉川弘文館、二〇〇一年)
木本好信「『続日本紀』伊治呰麻呂反乱の記事について」(『古代文化』第五三巻第五号、二〇〇一年)
木本好信「藤原魚名」(『藤原北家・京家官人の考察』岩田書院、二〇一五年)
木本好信『藤原種継』(ミネルヴァ書房、二〇一五年)
木本好信「五百枝王配流の政治背景」(『奈良平安時代史の諸問題』和泉書院、二〇二一年)
木本好信『奈良時代貴族官人と女性の政治史』(和泉書院、二〇二二年)
國下多美樹『長岡京の歴史考古学研究』(吉川弘文館、二〇一三年)
佐野真人「桓武天皇の御生涯と祭祀」(『皇学館大学研究開発推進センター紀要』第三号、二〇一七年)
清水みき「長岡京の造営と役所」(『木簡が語る古代史』上巻、吉川弘文館、一九九六年)
瀧浪貞子「藤原永手と藤原百川」(『日本古代宮廷社会の研究』思文閣出版、一九九一年)
角田文衞「宝亀三年の廃后廃太子事件」(『律令国家の展開』法藏館、一九八五年)
直木孝次郎「藤原清河の娘」(『古代史の人びと』吉川弘文館、一九七六年)

直木孝次郎「吉備真備と菅原道真」（『新日本古典文学大系月報』第八三号、一九九八年）
中川收「桓武朝政権の成立」（『日本歴史』第二八八・二八九号、一九七二年）
中川收「左大臣藤原魚名の左降事件」（『国学院雑誌』第八〇巻第一一号、一九七九年）
中川收「光仁朝の成立と井上皇后事件」（『奈良朝政治史の研究』高科書店、一九九一年）
中西康裕『続日本紀と奈良朝の政変』（吉川弘文館、二〇〇二年）
中村光一「奈良時代後期における皇位継承問題」（『史聚』第四三号、二〇一〇年）
西本昌弘『桓武天皇』（山川出版社、二〇一三年）
西本昌弘『早良親王』（吉川弘文館、二〇一九年）
二宮正彦「内臣・内大臣考」（『続日本紀研究』第九巻第一号、一九六二年）
長谷部将司「称徳天皇の皇統観」（『日本史学集録』第二八号、二〇〇五年）
林陸朗「奈良朝後期宮廷の暗雲」（『上代政治社会の研究』吉川弘文館、一九六九年）
林陸朗「長岡・平安京と郊祀円丘」（『古代文化』第二六巻第三号、一九七四年）
福井俊彦「山部親王の立太子と官人」（『史観』第一〇六号、一九八二年）
森公章『遣唐使の光芒』（角川学芸出版、二〇一〇年）
山田英雄「奈良時代における太政官符について」（『続日本古代史論集』中巻、吉川弘文館、一九七二年）
山本幸男「藤原良継・百川」（『平城京の落日』清文堂出版、二〇〇五年）
吉川敏子「『日本紀略』藤原百川伝の成立」（『律令貴族成立史の研究』塙書房、二〇〇六年）

史料

『日本書紀』下巻（坂本太郎他校注、日本古典文学大系、岩波書店、一九六五年）
『続日本紀』一～五（青木和夫他校注、新日本古典文学大系、岩波書店、一九八九～一九九八年）
『続日本紀』一～四（直木孝次郎他訳注、東洋文庫、平凡社、一九八六～一九九二年）
『律令』（井上光貞他校注、日本思想大系、岩波書店、一九七六年）
『日本後紀』（黒板伸夫・森田悌編、集英社、二〇〇三年）

『萬葉集』一〜四（小島憲之他校注・訳、新編日本古典文学全集、小学館、一九九四〜一九九六年）
『懐風藻全注釈』（辰巳正明、笠間書院、二〇一二年）
『大日本古文書』編年文書一〜二五（東京大学史料編纂所、東京大学出版会、一九六九年・一九七〇年・一九七七年・一九八三年覆刻）
『正倉院古文書影印集成』一〜一七（宮内庁正倉院事務所編、八木書店、一九八八〜二〇〇七年）

関連略年表

和暦	(西暦)	天皇	事項
大宝元年	(七〇一)	文武	八月、大宝律令が完成する。
〃二年	(七〇二)	〃	十二月、持統太上天皇が没する。
慶雲四年	(七〇七)	文武/元明	六月、文武天皇が没する。七月、元明天皇が即位する。
和銅元年	(七〇八)	元明	八月、和同開珎を発行する。
〃三年	(七一〇)	〃	三月、平城京に遷都する。
〃五年	(七一二)	〃	正月、古事記できる。
〃六年	(七一三)	〃	五月、風土記の撰進を命じる。
〃七年	(七一四)	〃	六月、首皇子(のちの聖武天皇)元服して、皇太子となる。
霊亀元年	(七一五)	元明/元正	九月、元明天皇が譲位。元正天皇が即位する。
養老二年	(七一八)	元正	この年、養老律令が成る。
〃四年	(七二〇)	〃	五月、日本書紀を奏上。八月、藤原不比等が没する。
〃五年	(七二一)	〃	十二月、元明太上天皇が没する。
〃七年	(七二三)	〃	四月、三世一身法を制定する。
神亀元年	(七二四)	元正/聖武	二月、元正天皇が譲位。聖武天皇が即位する。
〃四年	(七二七)	聖武	十一月、光明子が生んだ基王を皇太子に立てる(翌年夭折)。
天平元年	(七二九)	〃	二月、長屋王の変起こる。長屋王、妻子とともに自死する。八月、光明子を皇后に立てる。

〃 九年（七三七）	〃	四～八月、藤原武智麻呂ら四兄弟が天然痘で没する。
〃 十年（七三八）	〃	正月、聖武天皇皇女阿倍（のちの孝謙・称徳天皇）を皇太子に立てる。橘諸兄、右大臣に任じられる。橘諸兄政権成立。
〃 十二年（七四〇）	〃	九月、藤原広嗣、北九州で反乱を起こす。十二月、恭仁京に遷都する。
〃 十三年（七四一）	〃	三月、国分寺建立の詔を渙発する。
〃 十五年（七四三）	〃	五月、墾田永年私財法を公布する。
〃 十六年（七四四）	〃	閏正月、聖武天皇皇子の安積親王が没する。
〃 十七年（七四五）	〃	五月、平城京に還都する。
〃 二十年（七四八）	〃	四月、元正太上天皇が没する。
天平勝宝元年（七四九）	聖武／孝謙	七月、聖武天皇が譲位。孝謙天皇が即位する。
〃 四年（七五二）	孝謙	四月、東大寺大仏が開眼する。
〃 六年（七五四）	〃	二月、鑑真が入京する。
〃 八歳（七五六）	〃	五月、聖武太上天皇が没する。遺言で新田部親王（天武天皇皇子）王子の道祖王を皇太子に指名。
天平宝字元年（七五七）	〃	五月、養老律令が施行される。七月、橘奈良麻呂らの藤原仲麻呂殺害計画が露顕し鎮圧される。
〃 二年（七五八）	孝謙／淳仁	八月、孝謙天皇が譲位。舎人親王（天武天皇皇子）王子の大炊王が即位し、淳仁天皇となる。藤原仲麻呂、恵美押勝の姓名を与えられる。
〃 三年（七五九）	淳仁	八月、唐招提寺建立。

〃四年（七六〇）	〃	六月、光明太皇太后が没する。
〃八年（七六四）	淳仁／称徳	九月、藤原仲麻呂（恵美押勝）の内乱勃発。仲麻呂、近江国に敗死。十月、孝謙太上天皇、淳仁天皇を廃位し、重祚して称徳天皇となる。
天平神護元年（七六五）	称徳	八月、和気王（舎人親王の孫）の謀反が発覚し、殺害される。十月、淳仁廃帝、淡路国で没する。
〃二年（七六六）	〃	十月、道鏡、仏教界の教主である法王となる。
神護景雲元年（七六七）	〃	三月、法王道鏡のための法王宮職を創設する。
〃三年（七六九）	〃	五月、不破内親王（聖武天皇皇女）・志計志麻呂母子が称徳天皇を呪詛したかどで追放流罪となる。九月、道鏡即位を望む宇佐八幡神託事件が起こる。十月、由義宮を西京とする。
宝亀元年（七七〇）	称徳／光仁	八月、称徳天皇が没する。藤原永手ら志貴皇子（天智天皇皇子）王子の白壁王を擁立。十月、光仁天皇即位し、ついで十一月、聖武天皇皇女の井上を皇后に立てる。
〃二年（七七一）	光仁	正月、光仁天皇、井上皇后が生んだ他戸親王を皇太子に立てる。
〃三年（七七二）	〃	四月、道鏡、下野国で没す。
〃四年（七七三）	〃	正月、山部親王（のちの桓武天皇）を皇太子に立てる。
〃六年（七七五）	〃	四月、井上廃后・他戸廃太子、自死を強要される。
天応元年（七八一）	光仁／桓武	四月、桓武天皇が即位する。弟早良親王を皇太子に立てる。十二月、光仁太上天皇が没する。
延暦元年（七八二）	桓武	閏正月、氷上川継の謀反が発覚し、伊豆国に流罪となる。六月、桓武天皇、皇権確立のために左大臣藤原魚名を解任する。

〃三年（七八四）	〃	十一月、桓武天皇、長岡京に移幸。長岡京に遷都する。
〃四年（七八五）	〃	九月、藤原種継が暗殺される。桓武天皇、早良皇太子を廃する。
〃十三年（七九四）	〃	十月、平安京に遷都する。

地図作成　ケー・アイ・プランニング

木本好信（きもと・よしのぶ）

1950年（昭和25年），兵庫県に生まれる．駒澤大学大学院人文科学研究科日本史学専攻博士後期課程単位取得満期退学．博士（学術，帝塚山大学）．山形県立米沢女子短期大学教授，甲子園短期大学教授，同短期大学学長，龍谷大学教授を歴任．専門分野は日本古代政治史．
著書『藤原式家官人の考察』（高科書店）
『律令貴族と政争』（塙書房）
『藤原仲麻呂』（ミネルヴァ書房）
『奈良時代の政争と皇位継承』（吉川弘文館）
『藤原四子』（ミネルヴァ書房）
『藤原種継』（ミネルヴァ書房）
『藤原北家・京家官人の考察』（岩田書院）
『藤原南家・北家官人の考察』（岩田書院）
『藤原仲麻呂政権の基礎的考察』（志学社）
『奈良平安時代史の諸問題』（和泉書院）
『奈良時代貴族官人と女性の政治史』（和泉書院）
ほか

奈良時代《ならじだい》
中公新書 2725

2022年11月25日発行

著　者　木本好信
発行者　安部順一

本文印刷　三晃印刷
カバー印刷　大熊整美堂
製　　本　小泉製本

発行所　中央公論新社
〒100-8152
東京都千代田区大手町 1-7-1
電話　販売 03-5299-1730
　　　編集 03-5299-1830
URL https://www.chuko.co.jp/

Published by CHUOKORON-SHINSHA，INC.
Printed in Japan　ISBN978-4-12-102725-2 C1221

中公新書刊行のことば

いまからちょうど五世紀まえ、グーテンベルクが近代印刷術を発明したとき、書物の大量生産は潜在的可能性を獲得し、いまからちょうど一世紀まえ、世界のおもな文明国で義務教育制度が採用されたとき、書物の大量需要の潜在性が形成された。この二つの潜在性がはげしく現実化したのが現代である。

いまや、書物によって視野を拡大し、変りゆく世界に豊かに対応しようとする強い要求を私たちは抑えることができない。この要求にこたえる義務を、今日の書物は背負っている。だが、その義務は、たんに専門的知識の通俗化をはかることによって果たされるものでもなく、通俗的好奇心にうったえて、いたずらに発行部数の巨大さを誇ることによって果たされるものでもない。現代を真摯に生きようとする読者に、真に知るに価いする知識だけを選びだして提供すること、これが中公新書の最大の目標である。

私たちは、知識として錯覚しているものによってしばしば動かされ、裏切られる。私たちは、作為によってあたえられた知識のうえに生きることがあまりに多く、ゆるぎない事実を通して思索することがあまりにすくない。中公新書が、その一貫した特色として自らに課すものは、この事実のみの持つ無条件の説得力を発揮させることである。現代にあらたな意味を投げかけるべく待機している過去の歴史的事実もまた、中公新書によって数多く発掘されるであろう。

中公新書は、現代を自らの眼で見つめようとする、逞しい知的な読者の活力となることを欲している。

一九六二年一一月

日本史

日本史

d3

2675 江戸―平安時代から家康の建設へ　齋藤慎一
476 江戸時代　大石慎三郎
2552 藩とは何か　藤田達生
2565 大御所 徳川家康　三鬼清一郎
2723 徳川家康の決断　本多隆成
1227 保《ほ》科《しな》正之《まさゆき》　中村彰彦
740 元禄御畳奉行の日記　神坂次郎
2531 火《ひ》付《つけ》盗賊《とうぞく》改《あらため》　高橋義夫
853 遊女の文化史　佐伯順子
2376 江戸の災害史　倉地克直
2584 椿井文書―日本最大級の偽文書　馬部隆弘
2380 ペリー来航　西川武臣
2047 オランダ風説書　松方冬子
1958 幕末維新と佐賀藩　毛利敏彦
2497 公家たちの幕末維新　刑部芳則

1754 幕末歴史散歩 東京篇　一坂太郎
1811 幕末歴史散歩 京阪神篇　一坂太郎
2617 暗殺の幕末維新史　一坂太郎
1773 新選組　大石　学
2040 鳥羽伏見の戦い　野口武彦
455 戊辰戦争　佐々木克
1235 奥羽越列藩同盟　星　亮一
1728 会津落城　星　亮一
2498 斗南《となみ》藩―「朝敵」会津藩士たちの苦難と再起　星　亮一

中公新書

現代史

- 2105 昭和天皇　古川隆久
- 2687 天皇家の恋愛　森　暢平
- 2309 朝鮮王公族―帝国日本の準皇族　新城道彦
- 2482 日本統治下の朝鮮　木村光彦
- 632 海軍と日本　池田　清
- 2703 帝国日本のプロパガンダ　貴志俊彦
- 2192 政友会と民政党　井上寿一
- 1138 キメラ―満洲国の肖像（増補版）　山室信一
- 2348 日本陸軍とモンゴル　楊　海英
- 2144 昭和陸軍の軌跡　川田　稔
- 2587 五・一五事件　小山俊樹
- 76 二・二六事件（増補改版）　高橋正衛
- 2059 外務省革新派　戸部良一
- 1951 広田弘毅　服部龍二
- 2657 平沼騏一郎　萩原　淳

- 795 南京事件（増補版）　秦　郁彦
- 84 90 太平洋戦争（上下）　児島　襄
- 2707 大東亜共栄圏　安達宏昭
- 2465 日本軍兵士―アジア・太平洋戦争の現実　吉田　裕
- 2387 戦艦武蔵　一ノ瀬俊也
- 2525 硫《い》黄《おう》島《とう》　石原　俊
- 2337 特攻―戦争と日本人　栗原俊雄
- 244 248 東京裁判（上下）　児島　襄
- 2015 「大日本帝国」崩壊　加藤聖文
- 2296 日本占領史 1945-1952　福永文夫
- 2411 シベリア抑留　富田　武
- 2471 戦前日本のポピュリズム　筒井清忠
- 2171 治安維持法　中澤俊輔
- 1759 言論統制　佐藤卓己
- 828 清沢《きよさわ》洌《きよし》（増補版）　北岡伸一
- 2638 幣原喜重郎　熊本史雄
- 1243 石橋湛山　増田　弘

- 2515 小泉信三―天皇の師として、自由主義者として　小川原正道